현직 구청장의 특별한 여행 안내서

내가 사랑한 광주
원도심 동구편

의재 毅齋 미술관
UIJAE MUSEUM OF KOREAN ART   GWANGJU

여는 글

광주를 알고 싶다면 동구부터

1.

세상에서 어떤 풍경이 가장 아름답냐고 묻는다면 사람이 있는 풍경이라 답하고 싶다. 사람으로 인해 상처받기도 하지만 우리는 사람으로 인해 살아간다. 그러니 풍경의 완성은 사람에 있다. 사람이 모이는 도시, 사람이 머무는 풍경은 내가 늘 꿈꾸는 가장 아름다운 풍경이다.

광주는 사람으로 인해 아름다운 도시이다. 옛 전남도청 앞 상무관과 금남로 5·18민주화운동기록관에는 죽음의 두려움을 이기고 가족과 이웃을 지키려던 뜨거운 사람들의 이야기가 있다. 남광주시장, 대인시장에 가면 시민군에게 주먹밥을 싸서 건네던 상인들의 이야기와 푸근한 정을 마주할 수 있다. 전국 유일의 단관극장인 광주극장과 크고 작은 동구의 책방들에 가면 생활과 예술의 경계를 허물어가는 사람들을 만날 수 있다.

2.

또한 광주 동구의 풍경 속에는 시간의 등고선이 있다. 오늘의 시간과 이 도시가 품어온 뜨거웠던 시간대가 함께 있다. 그래서 풍광에도 깊이가 있고, 시간대별로 다른 느낌을 준다. 가령 장선우 감독의 <꽃잎>이나 장훈 감독의 <택시 운전사>와 같은 영화에도 여러 차례 등장했던 옛 도청 앞 분수대 광장은 해 질 무렵에 가장 아름답다. 해 질 무렵 금남로를 향해 서 있는 분수대 광장 앞 시계탑에 조명이 들어온다. 80년 5월 시민들의 시체를 수습한 장소로 한강 작가의 <소년이 온다>의 배경인 상무관 앞으로는 보드를 타는 아이들이 하나둘 나타난다. 마치 영화의 한 장면 같다.

5·18 최후의 항쟁지에 들어선 국립아시아문화전당 앞에서는 거리공연자들의 노래가 들려온다. 5·18의 총탄 자국이 남아있는 전일빌딩 245에 오르면 오색 분수대와 국립아시아문화전당이 빛의 숲을 이루고 있다. 그 어디에서도 만날 수 없는 수준 높은 콘텐츠를 품은 이들 문화와 역사의 저장고들에서 광주의 어제와 오늘을 만날 수 있다.

3.
광주는 매력적인 성장을 거듭하고 있는 도시다. 금남로 5·18 전야제가 제의에서 축제로 거듭나고, 기차가 달리지 않는 폐선부지는 시민들의 손에 의해 푸른 길로 거듭났다. 동명동에는 젊은 세대들이 모여드는 공방과 카페들이 즐비하다. 상인들과 동구청이 성장시켜온 충장축제는 문화체육관광부가 선정한 최우수축제로, 5년 연속 대한민국 축제 콘텐츠 대상을 수상했다.

든든한 역사적 뿌리를 지녔으면서도 한 해가 다르게 성장하는 광주의 한 중심에 바로 동구가 있다. 무등산 자락에서 시작되어 유유히 흐르는 광주천을 따라 충장로와 금남로를 아우르는 곳, 광주사람들조차도 '하루 여행'을 오는 광주의 심장부가 바로 동구이다.

4.
시민운동 시절부터 구의원, 시의원을 거쳐 구청장으로 일해오면서 광주의 가슴 뛰는 성장 과정을 함께 해왔다. 광주 동구청이 내건 '인문도시 동구'는 그러한 광주의 성장사와 맥을 같이 한다. 시민들 스스로가 삶의 질을 높이고, 삶의 공간들이 문화적으로 업그레이드 되는 곳, 일상과 예술의 경계가 따로 없는 인문도시 동구를 시민들과 함께 만들어가고 있다.

지난 3년을 도시재생을 통한 정주여건 개선으로 '살고 싶은 도시'를 만드는 데 중점을 두었다면 이제 '광주 관광을 대표하는 거점도시'로 동구를 새롭게 도약시키려 한다. 동구가 지닌 관광자원, 역사문화자원을 더 많은 이들과 함께 할 수 있는 준비를 해나가고 있다. 이 책은 광주 동구 여행의 소소하지만 확실한 여행팁 모음집이라 할 수 있겠다. 이 책에서 미처 담아내지 못한 동구의 예술과 문화관광 공간들은 다시 소개할 기회를 가지려 한다.

삶에 여행이 필요한 순간이 온다면 광주 동구로 오시라. 안전하고, 즐겁고, 의미 있는 여행이 기다리고 있다.

임 택
광주광역시 동구청장

차례

여는 글
광주를 알고 싶다면 동구부터 · 8

문화의 숲에서 길을 잃다
도심 속 건축기행, 폴리(folly) · 18
문화재 야행, 동구 달빛걸음 · 28
문화창작소, 국립아시아문화전당 · 34
전국 유일의 단관극장, 광주극장 · 40
옛것들의 아름다움, 비움박물관 · 46

오월 광주, 그 시간 속으로
옛 전남도청과 5·18민주광장 · 54
<소년이 온다>의 동호가 머물던 상무관 · 60
그날을 기억하는 공간, 전일빌딩 245 · 64
5·18민주화운동기록관 · 74
화염병 대신 詩를, 문병란 시인의 집 · 84

힙한 거리, 들썩이는 마음

충장로, 충장축제 · 94
금남로, 5·18 전야제 · 102
동명동 카페거리 · 106
지산유원지 리프트카 & 모노레일 · 110
남광주시장 & 대인시장 · 116

G-Art로의 초대

무등산 몽마르뜨, 운림동 갤러리 촌 · 124
오래된 화랑가를 걷다, 궁동 예술의 거리 · 136
그림과 사랑에 빠지다, 도심 속 미술공간 · 142
간장공장의 변신, 복합문화공간 충장22 · 162

초록초록 힐링 여행지

광주의 어머니산, 무등산 · 168

무등산 증심사 · 174

동적골 산책로 · 180

폐선 부지 푸른길 · 186

백만송이 장미 조선대 장미광장 · 192

선교동 너릿재 공원 & 유아숲 · 198

책의 연대기와 마주하다

책은 어떻게 탄생하는가, 서남동 인쇄단지 · 206

광주 동구 책방 탐험 · 212

행복한 책정원 · 226

계림동 헌책방거리 · 230

책을 나누는 집, 동구 인문학당 · 234

내가 사랑한 광주, 원도심 동구

문화의 숲에서
길을 잃다

도시 전체가 하나의 캔버스라면,
여행자는 캔버스에 숨은 그림을 찾아내는 탐험자가 되어야 할지 모른다.
광주 동구 여행자에게 찾아보길 권하는
첫 번째 숨은 그림은 바로 '문화'를 테마로 한 여행지다.
그 어디에서도 만나볼 수 없는 동구만의 독특한 문화공간들이
특별한 여행을 선물할 것이다.

도심 속 건축기행,
폴리(folly)

눈앞에는 국립아시아문화전당을 품은 광주 도심이 내려다보이고, 뒤로는 무등산이 펼쳐져 있다. 광주의 과거와 미래, 자연과 문화의 중심에 선 느낌이다. 진입하는 과정도 흥미롭다. '체인지'라는 칼라벽을 움직이면 색채의 마술이 펼쳐진다. 이 폴리의 이름은 '자율건축'이다. EBS「건축탐구-집」으로 잘 알려진 건축가 문훈 선생이 독일의 미디어아트 그룹 리얼리티즈 유나이티드의 얀 애들러, 팀 애들러와 함께 만들어 낸 멋진 결과물이다.

광주의 도심 폴리들은 2011년 광주디자인비엔날레 개막을 앞두고 광주 동구에서 시작됐다. 폴리는 공간과 예술이 어떻게 조화를 이루는지 잘 보여준다. 때로는 공간을 아름답게 하는 미학적 기능을 하지만 쉼터나 이정표 등 기능적인 역할까지 아우른다. 광주광역시의회 산업건설위원장 시절 폴리가 준공될 때마다 추진 현황에 대한 보고를 듣기 위해 폴리를 만났는데, 무척 신선하다는 느낌을 받았다. 동구에서 관광전문가들을 초청해 팸투어를 실시했을 때도 가장 경쟁력 있는 관광자원으로 폴리를 꼽았다. 나희덕 시인은 뷰폴리의 아름다움을 이렇게 표현했다.

> 오가다 오르다 내리다 흐르다 멈추다 녹다 얼다 타오르다
> 꺼지다 보다 듣다 생각하다 말하다
> 삼키다 뱉다 잡다 놓다 울다 웃다 주다 받다 묻다 답하다
> 밀다 당기다 열다 닫다 떠오르다
> 가라앉다 부르다 사라지다 넘다
> 서른세 개의 동사들 사이에서
> 하나의 파도가 밀려가고 또 하나의 파도가 밀려올 것이니
> 세상은 우리의 손끝에서 부서지고 다시 태어날 것이니
> 기다리지만 말고 서른세 개의 노를 저어 찾아라
> 세계의 손끝에서 마악 태어난 당신을
> - 나희덕 시인, 「빛의 옥상에서 서른세 개의 날개를 돌려라」 전문

뷰폴리에서 바라보는 야경

'I LOVE STREET' 네델란드 작가 위니마스의 작품

광주 서석초등학교 앞 보행자 거리에 설치된 폴리의 이름은 'I LOVE STREET'이다. 서석초등학교 앞 보행자 거리 전체를 하나의 캔버스처럼 활용했는데, 색감도 화려하고 근대문화재인 서석초등학교와도 잘 어울린다. 노란색 철제 계단에 오르면 작품 전체를 조망할 수 있다. 주변에 설치된 나무 데크는 여행자들이 쉴 수 있는 휴식처가 된다.

작품이 들어설 예정이었던 공간이 국립아시아문화전당 주차장 진입로가 될 상황에 부닥쳤을 때, 주민들과 시민단체가 '보행자 전용로 지키기 시민모임'을 결성해 공청회 등을 개최하며 지켜낸 의미 있는 공간이기도 하다.

열린 공간

아시아음식문화의 거리에 가면 프랑스 건축가 도미니크 페로가 만든 폴리를 감상할 수 있다. 노란색 원 속에 있는 폴리는 포장마차의 형태를 취했다. 거리를 향해 자유롭게 열려 있는 휴식처이자 커뮤니티 공간인 노란 포장마차가 콘셉트다. 이 작품은 행인들과 주변 상인들의 휴식처이자 로터리 역할을 하고 있다. 프랑스국립도서관과 이화여대 캠퍼스 복합단지(ECC) 등으로 세계적 명성을 얻은 도미니크 페로의 작품이 어떻게 광주 도심과 조화를 이루고 있는지 직접 확인해보시길 권한다.

꿈집 GD폴리(Gwangju Dutch)

동구 도시재생지원센터 인근에 있는 꿈집(Dream House)을 보면 안으로 들어가고 싶어진다. 지금은 사라진 박공 형태의 건물인데, 521개의 청동판, 내피는 399개의 티타늄 판으로 이루어졌다. 티타늄판의 연분홍색은 칠이 아니다. 빛의 반사에 의해 다양한 색을 연출한다. 조병수 건축가의 작품으로 그 안으로 걸어 들어가서 이런저런 생각에 잠기고 싶은 마음을 불러 일으킨다.

쿡폴리

한마디로 맛집형 폴리다. 쇠락한 도시에 비집고 들어가 도시에 활력을 불어넣는 바텀업Bottom-up 방식을 통해 도시재생의 모델이 되는 폴리다. 청미장은 한국전쟁 이후 광주 황금동 뒷골목 초가집에서 밥상과 술상을 겸한 교자상 메뉴로 명성이 자자했다. 쿡폴리는 구도심 재생, 청년실업, 청년창업, 지역균형 발전, 관광인프라 구축, 지역 브랜드화와 같은 사회적 화두에 대해 조금은 가볍고 즐겁고 맛있게 접근한다. 카페&바 형태의 유리온실 '콩집'과 한식을 제공하는 한옥 '청미장'으로 구성된다.

광주사랑방 : 프란시스코 사닌

국립아시아문화전당 근처에 있는 프란시스코 사닌의 폴리 광주사랑방은 버스정류장이면서 전망대이다. 구도심과 국립아시아문화전당이 만나는 접점에서 과거와 현재를 모두 바라보게 하는 의미가 있다. 좁은 공간이지만 계단에 올라 국립아시아문화전당과 구시청 쪽 거리를 함께 조망할 수 있어서 흥미롭다. 모던한 형태의 구조물을 중심으로 공연과 이벤트가 열리기도 한다

문화재 야행,
동구 달빛걸음

'문화재야행 동구 달빛걸음'은 문화재청이 주관한 '문화재야행'에 선정된 프로그램이다. 동구만이 가진 역사 문화유산과 주변 문화시설을 활용해 밤의 아름다운 경관을 만나는 대표적 야간관광 프로그램으로 지역경제와 관광활성화를 위해 마련됐다. 낮에 보는 거리와 밤에 만나는 거리는 다르다. 불빛이 주는 특별한 느낌에 고요한 정취가 더해지는 특별한 여행이다.

동구가 보유한 대상 문화재는 구 전남도청 본관(국가지정 등록문화재 제16호), 구 전남도청 회의실(광주광역시 유형문화재 제6호), 재명석등(광주광역시 유형문화재 제5호), 광주읍성유허(광주광역시 문화재자료 제20호), 서석초등학교(국가지정 등록문화재 제17호) 등이다.

2020년에는 코로나19와 맞물리면서 전국 최초 온라인 야행프로그램으로 진행이 됐다. 2021년 '문화재 야행 동구 달빛걸음'은 이런 문화재를 활용해 '안전한 광주문화재야행'을 지향하며 '일상에서 만나는 문화재'를 콘셉트로 진행됐다. '문화재 야행 동구 달빛걸음'은 야로, 야사 등 8야(夜)를 테마로 체험, 투어, 공연 등 6개 분야, 18종의 프로그램을 선보였다. '지역 문화재 활용 우수사업'으로 선정되는 등 명품 관광상품으로 큰 호응을 얻어가고 있다.

특히 광주의 심장인 옛 전남도청과 광주의 이야기를 만날 수 있는 광주읍성유허, 120년의 세월을 간직한 서석초등학교 등 문화재 주변에서 개최된 대면 야행은 근대문화유산의 가치와 동구 문화재만의 특별한 야경을 선사했다는 평을 받았다.

이 외에도 온라인 접근이 어려운 디지털 소외계층을 위한 프로그램도 있다. 찾아가는 디지털 야행 홍보단 운영, 무장애(베리어프리) 랜선 여행, 수어통역사 운영, 외국인 통역요원 안내 등을 통해 '베리어프리'를 실천하는 행사로 주목을 받았다. 광주 동구의 밤 풍경이 궁금하다면 달빛걸음과 함께해도 좋다.

문화창작소, 국립아시아문화전당

일단 건축물 자체가 하나의 작품이다. 80년 5월의 기억을 간직한 옛 도청 본관과 상무관, 분수대를 지상에 배치했고, 새로 만들어진 문화창조원, 문화정보원, 예술극장, 어린이문화원 등은 지하화했다. 대신 지상에는 숲이 생겼다. 하나의 공간에서 과거와 미래를 모두 여행할 수 있다. 김환기 미술관을 지은 건축가 우규승 선생의 작품이다.

청년들의 쉼터가 된 하늘공원에서는 멀리 무등산이 보인다. 코로나 때문에 잠시 주춤하지만 다양한 공연이 펼쳐지고, 그 앞에 돗자리를 깔고 즐기는 시민들의 모습을 볼 수 있다. 젊은 층들 사이에서는 '치맥 명소'로 불린다고 한다.

지상의 숲과 산책로 사이에는 빛의 큐브가 있다. 낮에는 햇볕을 지하 공간으로 끌어들이고, 밤에는 지하의 불빛이 지상의 어둠을 밝혀주는 에너지 절감형 구조물이다. 빛의 큐브 사잇길에 옛 광주읍성 성벽이 그대로 보존되어있다. 하나의 공간을 거닐면서 여

러 시대를 만날 수 있는 특별한 곳이다.

민주평화교류원, 어린이문화원, 문화정보원, 문화창조원, 예술극장 등 5개의 주요시설로 구성되어있다. 하루에 다 감상하기 힘들 정도로 콘텐츠가 풍부하다. 예술극장과 문화정보원, 문화창조원 등에서 펼쳐지는 다양한 전시와 공연은 국내 최고 수준이다. 홈페이지 사전 예약을 통해 특별한 전시와 공연을 감상할 수 있다.

라이브러리파크의 경우, 아시아 최대 규모의 문화정보 플랫폼이라는 말이 결코 부족하지 않은 공간이다. 도서관을 뛰어넘어 박

물관과 극장, 아카이빙 센터가 통합된 거대한 문화정보의 산실이다. 소장 자료의 퀄리티나 방대함은 물론 시설의 안락함도 뛰어나다.

전당을 중심으로 연구되어온 아시아 문화 관련 프로젝트 자료들을 볼 수 있고, 아시아 전역의 전문가들이 수집한 자료를 꺼내 볼 수 있다. 문화연구자들이나 관련 작업을 하는 사람들에게는 이보다 더 큰 선물이 없다. 책을 좋아하는 여행자들에게도 반가운 공간이다. 편안한 시설과 엄선된 아시아문화 자료를 둘러볼 수 있다.

Dong-gu

전국 유일의 단관극장, 광주극장

영화의 추억은 삶의 추억으로 이어진다. 신문에서 개봉영화 정보를 접하고, 줄을 섰다가 표를 끊었던 기억. 영화를 보고 영화음악을 찾아 라디오 프로그램에 신청을 했던 기억들이 아직도 생생하다. 멀티상영관으로 바뀌면서 편리함은 더해졌지만 옛 극장이 그리울 때가 있다. 운치가 있고, 품위가 있던 단관극장. 광주에 그런 단관극장이 있다. 86년 역사를 자랑하는 전국 유일의 단관극장, 광주극장이다.

광주극장은 1933년에 법인을 설립하고 1935년 10월 1일 개관하여 2021년 현재까지 운영하고 있는 전국 유일의 단관극장이다. 극장의 좌석은 총 856석이다. 그런데 이 극장은 좌석이 지정되어 있지 않다는 게 독특하다. 1,2층의 좌석 중에 앉고 싶은 자리에서 영화 관람이 가능하다. 옛날 극장에서 그랬듯이.

1968년 화재로 원래 건물이 소실되었지만 그해 10월에 4층으로 복원하여 지금의 모습을 갖추게 됐다. 불이 나기 전에는 1,000석 규모의 극장으로 영화뿐만 아니라 김구 선생의 강연이나 전남지역 조선건국준비위원회 결성식 등 정치집회와 대중연회가 열렸다. 창극, 판소리, 연극, 공연, 권투경기 등 문화행사의 장이 되기도 됐다.

Dong-gu

광주극장의 독특한 매력은 영화 간판이다. 우리시대 마지막 극장 간판쟁이 박태규 화가의 간판그림과 그가 열었던 시민 간판학교 출신들의 간판 그림을 볼 수 있다. 매표소도 레트로 감성이 물씬 풍긴다. 커피와 음료를 마실 수 있는 탁자가 놓여있고, 괘종시계가 있다. 2층에는 광주극장 영사기와 〈사랑방손님과 어머니〉, 〈여로〉 등 손으로 그린 영화 간판이 있다. 옛 극장의 향수를 만날 수 있는 작은 영화 박물관이라 할 수 있다.

광주극장 옆에는 '영화가 흐르는 골목'이 있다. 광주 동구에서 '골목재생 로컬랩 2.0' 공모사업으로 조성한 골목이다. 사단법인 '가촌'이 광주극장과 문화공간 '영화의 집', 독립서점 '소년의 서' 등 골목에 소재한 문화자원을 활용해 만들어냈다.

영화가 흐르는 골목에 들어서면 1917년 광주좌부터 시작하여 광남관·제국관, 광주극장, 신영극장, 아세아극장 등 생겨나고 사멸한 광주의 극장사가 담긴 아카이빙 월이 설치돼 있다. 시네필이 사랑한 감독과 그의 영화들도 담벼락에 붙어 있는데 안드레이 타르코프스키, 에릭 로메르, 오스 야스지로, 짐 지므쉬 등의 영화에 대한 설명이 쉽게 이해할 수 있다. 그곳에 키워드로 서 있는 단어들도 극장의 추억을 소환하는 것들이다. 매진, 암표, 초만원 사례, 기도부장, 동시상영, 도둑영화 등. 영화가 흐르는 골목에서 잠시 추억여행을 떠나봐도 좋다.

옛것들의 아름다움, 비움박물관

우리들의 '삶'이 박물관으로 들어갔다. 마당과 부엌, 대청과 안방·사랑방, 그리고 죽음의 장례문화가 망라된 민속품 2만여 점이 비움박물관으로 들어가 피땀 흘리며 살아온 민중들의 삶과 애환을 정직하게 보여주고 있다.

비움박물관(이영화 관장)을 아우르고 있는 큰 주제는 '세월의 장터'이다.

비움박물관에 들어서자마자 눈길을 끄는 것은 옛 시골집에서 보았던 '똥항아리'이다. 땅에 묻어둔 항아리 주둥이에 널빤지를 깔고 볼일을 보던 귀한 그 '똥항아리'다. 그 옆에는 똥항아리가 차면 그것으로 밭 거름하려고 퍼 날랐던 '똥장군'이 지게 위에 올려져 있다. 비움의 역설을 이 똥항아리, 똥장군만큼 대변하는 것도 없을 것이다. 농작물을 키우고 그것을 먹고, 똥을 싸는 생명의 순환 자체가 비움이고 우주의 질서에 반하지 않는 생명문화 그 자체라 할 수 있다. 그래서 비움박물관을 응축하고 있는 물건을 꼽으라면 농경시대 화장실 문화, 생명 문화를 대변하는 바로 이것들이다. 세계 어느 나라에도 없는 이 똥항아리 덕에 비움박물관은 '비움의 철학이 담긴 공간'의 의미를 확연히 드러낸다.

박물관은 '세월의 장터'라는 주제로 우주가 순환하는 사계절을 테마로 구성되어 있다. 전시 관람 순서에 따라 4층은 '봄', 3층은 '여름', 2층은 '가을', 1층은 '겨울'이다. 옥상에는 장독대가 펼쳐져 있고, 무등산이 한 눈에 들어온다.

4층 '봄'은 주로 여성이 사용하던 물건들이 전시돼 있다. 항아리, 물동이, 놋그릇과 목단 무늬가 들어가 있는 '목단단지' 등을 볼 수 있다. 다양한 모양의 떡살과, 실을 잣던 물레, 한 땀 한 땀 수를 놓던 자수베개들은 오방색의 아름다움을 자아낸다.

3층은 '여름'을 표현하고 있다. 이글거리는 땡볕아래 대지를 가로질러가는 쟁기질과 그 땀 흘리는 노고의 숭고함이 여름처럼 강렬하다. 대부분 남성 농군들의 땀내 질펀한 농구들이 전시돼 있다. 곡괭이, 부채, 술병 등과 막걸리를 마시는 막사발들이 보인다.

2층 '가을'은 수확에 필요한 농기구들이 먼저 눈에 띤다. 곡식을

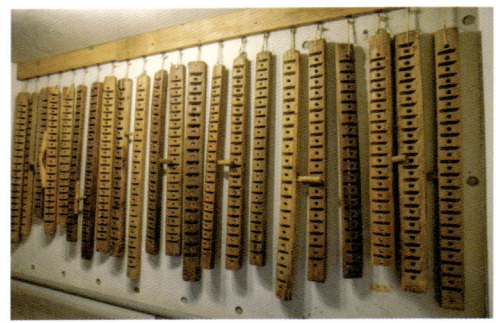

보관하던 항아리, 소쿠리, 바가지들이다. 엇비슷하게 보이지만 조금씩 모양이나 크기 등 뭔가 다른 느낌이 든다. 정제라 불렸던 부엌이 가마솥이 걸려 있는 부뚜막과 살강도 보여준다. 선비들의 책상과 문방구들도 엿볼 수 있다. 이곳에는 이영화 관장의 수집품 1호인 시증조할아버지가 사용했던 서류함과 담배함, 안경집, 일제강점기에 만든 봉초 같은 것들이 있다. 순창이 고향인 이관장이 결혼 후 잠시 시댁인 전남 곡성에 머물렀는데 그때 발견한 보물이다.

1층은 '겨울'을 보여준다. 한겨울 농한기에 사람들이 둘러앉았던 사랑방을 표현하고 있다. 이곳 1층은 전시를 둘러본 이들이 차를 마실 수 있는 공간이 마련돼 있다. 주로 인문학 강의 장소로 많이 이용되는데 시 낭송회, 세미나, 강의 장소로도 사용된다.

이 박물관이 건립된 데는 오롯이 이 관장의 노력이 있었다. 2만여점에 이르는 물건을 혼자서 분류하고 정리하는 데에만 꼬박 6년이 걸렸다고 한다. 그렇게 이관장의 손을 거치지 않은 것 없이 닦고 닦은 것들을 골라내 5층 규모(1653㎡)의 박물관을 지은 것이다.

내가 사랑한 광주, 원도심 동구

오월 광주,
그 시간 속으로

전쟁이나 학살, 재난을 당한 비극의 현장 등을 돌아보는 여행을
'다크투어리즘'이라 한다.
즐기는 여행이라기보다는 배우는 여행이라 할 수 있다.
5·18 역사의 현장을 찾는 이들의 마음은 어떠할까.
군사독재의 잔악상이 드러나는 비극의 현장이고,
무고한 이들의 희생에 마음이 무거워질 수밖에 없는 곳이다.
하지만 나는 5·18의 현장이 마냥 무겁고 슬픈 곳으로만
다가가지 않았으면 하는 바람을 갖고 있다.
오월 광주는 '사람'을, '역사의 희망'을 이야기하고 있기 때문이다.

옛 전남도청과 5·18민주광장

해마다 5월이면 금남로 일대는 용광로처럼 들끓었다. 1987년 6월 민주항쟁을 거치고 나서도 목 터져라 외치던 구호들이 조각난 보도블록과 함께 타오르는 화염병과 매캐한 최루탄 사이로 요동치곤 했다. 그러는 사이 금남로와 도청은 점점 광주의 삶과 영혼이 스민 장소가 되어갔고, 사람들은 그곳을 민주주의 성지라 불렀다.

언제부터인가 광주시민은 옛 전남도청 앞 중앙의 분수대가 있는 둘레를 5·18민주광장으로 부르기 시작했다. 어느새 한국 민주주의의 상징적 장소가 되어버린 5·18민주광장. 5·18 당시 광주시민들은 여기 모여서 투사회보를 낭독하고, 애국가를 불렀다. 이곳에서 의지를 다진 시민들의 민주주의를 향한 목소리가 다시 거리

에서 골목으로, 골목에서 집으로, 집에서 사람의 가슴으로 징처럼 울려 퍼져나갔다.

지금의 5·18광장은 그 품이 넓다. 충장축제, 프린지페스티벌, 5·18전야제와 음악제, 마당극 같은 축제와 공연의 공간이 된다. 평일 오후에도 활기찬 청소년들이 삼삼오오 모여 보드를 타는 공

'빛의 분수대' 조감도

간이다. 미얀마 국민들을 위해 호소하는 전시도 열리기도 하니 여전히 메시지의 공간이기도 하다.

이처럼 의미 있고 아름다운 분수대 광장이 더욱 새로워진다. 일명 '빛의 분수대'라는 이름으로 분수대 일원이 미디어아트 작품으로 거듭나게 되는 것이다. 낮에는 지금의 분수대를 그대로 볼 수 있고, 야간에는 매립형 키네틱 조형물, 초대형 워터스크린, 민주광장 바닥맵핑, 미디어아트 작품 등을 감상할 수 있다. 유재헌 총감독을 비롯해 미디어아티스트 진시영 작가, 김형석 작곡가, 영국 미디어아티스트그룹 유니버설 에브리띵, 폴란드 출신의 디자이너 및 작가 크지슈토프 보디츠코 등 국내·외 유명 아티스트가 참여한다.

<소년이 온다>의
동호가 머물던 상무관

상무관은 한강의 소설 『소년이 온다』의 주무대다. 작가는 태극기로 감싼 시신들과 그 죽음을 직면한 이들의 상처와 고통에 깊이 천착한다. 광주사람들에겐 소설이 아니라 현실이었던 상무관의 모습은 80년 오월 그대로다. 내부 강당에 전시관이 들어왔을 뿐이다. 시간이 흘러서 상무관 앞은 보드 타는 아이들의 놀이터가 되었다.

5·18민주광장에서 보이는 시계탑에는 특별한 이야기가 있다. 이 시계탑은 1980년 5·18 당시 이곳에 서 있었는데 '시계탑은 알고 있다'는 5·18 관련 기사가 나간 후 갑자기 사라져 버렸다. 전두환 신군부가 한밤 중에 시계탑을 농성광장으로 옮겨버린 것이다.

그런데 5월 참상을 세계에 처음으로 알린 독일 언론인 故 위르겐 힌츠페터 씨가 이 사실을 알고 2015년 1월에 광주에 e메일을 보내왔다. "옛 전남도청 앞의 시계탑은 반드시 복원돼야 한다"는 바람이 담긴 내용이었다. 이후 위르겐 힌츠페터 씨 바람대로 2015년 1월, 시계탑은 다시 복원되었다.

복원된 시계탑에서는 매일 오후 5시 18분에 약 3분가량 5·18를 기리는 음악 '임을 위한 행진곡'이 흘러나온다. 80년 당시 계엄군의 만행을 지켜본 사라진 목격자를 복원해낸 것이다.

그날을 기억하는 공간,
전일빌딩 245

전일빌딩은 한때 광주를 대표하는 랜드마크였다. 도청 앞 금남로 초입에 있었고, 당시 호남에서 제일 큰 규모를 지닌 건물인데다 도서관과 방송국, 신문사가 입주한 건물이었기 때문이다. 1968년부터 1980년까지 12년 기간 동안 6차례에 걸쳐 신축과 증축을 거듭했는데, 언론기관과 도서관, 미술관 외에도 증권사들과 간호학원 등이 있어 언제나 사람들로 북적이는 건물이었다.

전일빌딩은 광주시민들과 역사의 파고를 함께 견딘 건물이기도 하다. 전일빌딩 10층에서 무려 245개의 총탄 흔적이 발견됐기 때문이다. 탄흔은 실내에서 177개, 외벽에서 68개가 발견됐다. 이후 2019년 추가 조사시 건물 내부에서 탄흔 25개가 발견되는 바람에 '245'란 이름에 대해 잠깐 논란이 있었지만 그대로 사용하고 있다. 어쨌든 이 탄흔들은 제자리비행(Hovering)을 하는 헬기에서 사격한 것으로 분석돼 진압군의 무자비함이 도를 넘는 증거로 다시 한번 국민의 공분을 샀다.

전일빌딩은 2009년 도로명 주소를 따라 '금남로 245'로 바뀌었는데, 그 금남로 245번지에서 탄흔 245개가 발견되면서 4년 여 동안 리모델링한 새 공간도 자연스럽게 '전일빌딩245'라는 이름을 얻게 됐다.

'전일빌딩245'는 '역사공간에 시민들의 삶을 담아 미래 정신으로'라는 주제 아래 크게 4개의 영역으로 구분되어 있다. '전일빌딩245'의 5·18민주화운동의 기억의 핵심 공간인 9~10층은 '광주의 과거를 기억하는 곳(1980 0518)'이다. 지하 1층 ~지상 4층은 시민

Dong-gu

플라자로 영감과 소통으로 '광주의 현재를 만나고 나누는 곳'이고, 5~7층은 광주콘텐츠의 허브의 비전을 표방하면서 '광주의 미래를 꿈꾸는 곳'이다. 8층과 옥상은 휴식과 평온함을 주는 조망·휴게공간으로 카페245·굴뚝정원·VOC라운지와 전일마루 등이 들어서 있다.

지하에 자리한 '245살롱'은 과거 운영된 전일다방 자리에 들어선 복합문화공간이다. 차와 음료를 마시며 80년대 광주 감성의 골목길을 엿볼 수 있는 영상과 사진을 만날 수 있다.

전일빌딩245의 1층 입구에 들어서면 오른편에 '캔버스 245'가 설치돼 있다. 민주, 인권 평화를 상징하는 도시 '광주', 빛과 예술을

통한 잠재력을 갖고 있는 '광주'를 미디어아트로 표현한 이이남 작가의 〈다시 태어나는 광주〉이다. 5월의 꽃을 상징하는 이팝나무가 흩날리며 5·18 민주 영령을 추모하는 것이 인상적이다. 10분 50초 가량의 5편의 미디어아트 작품이 천장형 LED 모듈을 통해 펼쳐지는데 그냥 지나치지 말고 꼭 감상해보길 권한다. 방문객들의 감상을 기록하는 디지털 방명록도 설치되어 있으니 소감을 남겨보길 바란다.

1층에 자리한 '전일 아카이브'는 1968년 1차 준공부터 2020년 리모델링 준공까지 전일빌딩의 역사를 이미지월과 축소 모형 전시 형태로 보여준다. 예약해서 'AR(증강현실) 디바이스' 태블릿을 대

여하면 전일빌딩의 역사를 보다 실감나게 살펴볼 수 있다.
2층은 광주·전남의 관광지 정보를 제공하고 문화상품을 판매하는 '남도 관광센터'가 있다. '광주 추천여행 코스' 및 '나만의 코스'를 정보 검색할 수 있으며, 전남 22개 시·군과 광주광역시 5개구의 대표 관광코스를 영상으로 접근할 수 있다. 3층의 광주시립도서관 분관인 '디지털 정보도서관'에서는 원문DB, 전자책, VOD, DVD의 열람이 가능하다. '디지털 정보도서관' 곁에는 작가 및 시민들이 자유롭게 기획전시가 가능한 '시민갤러리'가 운영된다.
또 80년 5·18민주화운동 당시 진압군과 시민군이 벌였던 YWCA교전 상황이 실물 크기로 재현돼 있고, 언론의 탄압상황을 보여주는 '보안사의 보도검열'과 '신문기자들의 저항', 유인물 신문인 '투사회보' 등의 전시물이 있다.

9~10층은 이 건물에서 놓쳐서는 안될 핵심 볼거리가 있는 5·18메모리홀이다. 직접 실제 헬기 사격의 결정적 증거인 총탄 흔적을 가까이에서 접할 수 있다. 탄흔은 원형 보존 처리 후 유리 스카이워크를 설치해 전시하고 있다. 10층의 바닥 면을 제거한 9·10층 공간에는 M60 기관총을 장착한 UH-1 모형헬기가 있다. 10층에는 '계엄군의 발포 타임라인' '헬기 사격의 거짓과 진실' '왜곡의 역사' '가짜 뉴스' 등이 전시돼 있다. 이어지는 동선을 따라 9층으로 내려가다 보면 언어학자, 내외신 기자들의 어록이 '남겨진 문장'으로 전시돼 있다. 9층에는 '전일빌딩 245헬기 사격 가상현실(VR)' '진실의 목소리' '진실의 역사' '에필로그 : 뼈와 꽃' 등의 전시로 이어지고, 마지막엔 기획전시실이 있다.

금남로 5·18 기록관

횃불행진 홍성담
The Torchlight Parade by Hong Sung-dam

기록은 기억에서 사라진 것들을 복원할 수 있게 해주는 힘을 갖는다. 기록의 존재 자체가 우리가 살아온 과거와 미래로 가는 통로 역할을 해주기 때문이다. 5·18 민주화운동기록관은 유네스코 세계기록유산인 5·18기록물을 체계적으로 보존 관리하기 위하여 2015년 5월 13일 옛 광주가톨릭센터에 설립됐다.

1층부터 3층까지는 '항쟁 5월의 기록, 인류의 유산'이라는 주제로 5·18 민주화운동과 세계기록 유산을 소개하는 상설전시관이다.
 4층은 작은 도서관이며, 5층은 기록보존을 위한 수장고로 사용하고 있다. 6층은 1980년 당시 윤공희 전 천주교 광주대교장의 집무실을 복원한 공간이며, 천주교 대교구에서 보관중인 각종 기록물을 전시 중이다. 7층은 강연이나 공연, 토론회, 공청회 등 다목적 강당과 세미나실로 활용된다.

관문에 배치된 '오월길 방문자센터'
1층 출입문 바로 곁에는 '오월길 방문자센터'가 있다. 도심의 5·18 관련 사적지 안내와 외지 방문객에게 5·18의 전반적인 내용을 안내하고 소개하는 역할을 하는 곳이다. 다양한 오월길을 통해 5·18관련 사적지를 다양하게 접근할 수 있다. 다섯 개의 테마로

접근할 수 있는데 '오월민중길', '오월예술길', '오월인권길', '오월의향길', '오월남도길'이다. '오월민중길'은 오월광장에서 뜨겁게 타올랐던 시민들의 발자취를 발견하는 길로 시민군코스, 들불코스, 윤상원코스, 오월여성코스, 민주기사코스, 주먹밥코스 등 주제별로 방문할 수 있다. '오월예술길'은 광주의 오월 문화예술을 만나는 길이다. '오월인권길'은 5·18민주화운동의 열망이 담긴 사적지를 찾아가는 길이다. '오월의향길'은 오월정신의 역사와 교감하는 길이다. '오월남도길'은 오월정신을 따라 새로운 여정을 만나는 길이다. 오월길방문자센터에 가면 이렇게 5·18를 다양하게 접근할 수 있는 방법을 안내받을 수 있고, 미리 예약 신청하면 오월지기를 배치하여 방문자에게 무료로 해설도 해준다.

발길을 사로잡는 5·18민주화운동의 기록과 전시

입구 로비에 들어서면 한 점 설치물이 눈길을 사로잡는다. 이 전시물은 1980년 5·18민주화운동 당시 계엄군의 총탄이 관통했던 광주은행 옛 본점의 유리창이다. 옛 광주은행 본점은 가톨릭센터 지척에 있는 중앙로와 금남로가 교차하는 사거리에 있던 건물이다. 광주은행은 5·18당시 총탄이 관통된 유리창을 원형 그대로 사용해 오다가 1997년 11월 광주광역시에 기증했다고 한다. 이 유리창은 당시 처절했던 역사의 현장을 생생하게 간직하고 있는 역사적 자료이다.

1층부터 3층은 상설 전시실로 5·18민주화운동의 과정을 테마별

Dong-gu

로 만나볼 수 있다. 1층 상설 전시실에는 '민주화 열망'을 소개하는 코너로 군부독재를 청산하고자 평화적으로 행해졌던 5월 16일 횃불대행진이 소개돼 있다. 전시 '학살'은 5월 민중항쟁 당시 계엄군에게 학살된 165명의 희생자와 계승·투쟁 과정 중 희생된 희생자들을 추모하는 코너이다. 전시 '저항'은 공수부대의 과잉진압에 격렬해진 광주시민들의 모습을 담고 있다. 전시 '투사회보'는 계엄군의 언론검열에 의해 침묵하는 언론을 대신하여 시민 스스로 탄생시켰던 시민언론인 투사회보를 소개한다. 전시 '헌혈'은 부상당한 시민군들의 치료를 위해 자발적으로 헌혈했던 광주시민들의 모습이 인상적이다. '대동세상(자치공동체)' 전시는 해방광주·대동세상의 상징이었던 <양은대야>가 보는 이의 가슴

을 찡하게 한다. 그밖에 '어둠의 행진' '미완의 항쟁 (행불자 그리고 5월 운동)' '6월 항쟁과 민주주의 수립' 코너가 설치돼 있으며 특별히 5·18기록물의 유네스코 세계기록유산 등재과정을 소개하는 코너도 마련돼 있다.

2층 상설 전시실에는 동학농민혁명을 시작으로 광주학생독립운동, 제주 4·3항쟁, 4·19혁명, 부마민중항쟁, 5·18민주화운동, 6월 민주항쟁으로 이어지는 민중항쟁의 역사와 5·18민주화운동의 진실을 향한 현재까지의 여정을 소개하는 '의향'을 만날 수 있다.

그밖에 '항쟁의 전야' '학살과 항쟁' '가자 도청으로' '시민공동체' '장렬한 산화' '확산' '계승기록' '5월 여성활동' 등을 소개하고 각종 5·18민주화운동 관련 다큐멘터리 등을 상영하는 영상실을 만날 수 있다. 2층의 특징적인 것은 당시 시민들이 생산한 성명서, 선언문, 취재수첩, 일기, 구술 증언 기록 등으로 5·18 전개 과정을 생생하게 접근할 수 있다.

3층 상설 전시실에는 세계인권기록물(20개 코너)에 대해서 소개하는 '세계기록유산' 전시와, 5·18민주화운동기록관의 업무를 살펴볼 수 있다. 그밖에 '유산, 공감의 창' '계승' 등의 공간이 마련돼 있는 등 인권의 가치를 되새기게 하는 장이다.

4층은 열람실이다. 5·18민주화운동 자료 및 도서를 읽고 대여할 수 있다. 5층은 5·18민주화운동기록관의 기록물을 수집·보존하는 핵심 공간이다. 보존처리실과 지류 중심의 1수장고, 유네스코세계기록유산, 섬유류, 유품을 보존하는 2수장고, 각종 문화예술품, 박물류를 보존하는 3수장고와 사진, 필름, DVD등 영상자료를 보존하는 영점수장고가 있다.

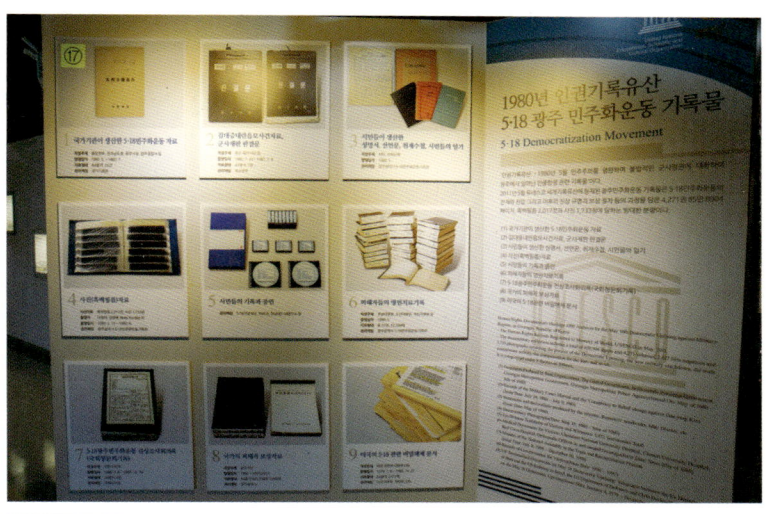

화염병 대신 詩를, 문병란 시인의 집

시인 문병란의집
Moon Byung-ran the Poet's House

문병란 시인은 시대를 녹여내며 목놓아 시를 낭송하던 거리의 뮤즈였고, 시인이었다. 아니 책장 속, 교과서 속이 아니라 살아있는 삶의 현장에서 군부독재와 분단시대의 아픔에 저항하며 열변을 토해내던 거리의 스승이기도 했다. 광주 지산동에는 시인이 살던 집이 고스란히 남아 있다. 1980년부터 2015년 별세하기까지 지내신 공간이다.

동구청이 매입해 선생님의 작품과 생애를 기리기 위한 「시인 문병란의 집」으로 리모델링하고 2021년 9월에 개관하였다.

이 집은 5·18민주화운동 마지막 수배자였던 윤한봉 선생 등 전국의 내로라하는 민주인사들과 문인들과 교류하며 암울한 시대와 맞서는 작품을 구상하고 집필했던 현장이다. 김남주, 황석영, 김준태 등 문인들과 함께 민중의 아픔에 대해 걱정하고 분단으로 두동강 난 조국에 대해 안타까워 했던 곳이다. 1987년 뉴욕타임즈는 문병란 시인을 '화염병 대신 시(詩)를 던진 한국의 저항시인'으로 소개했다.

새롭게 단장한 '시인 문병란의 집'은 약 150㎡ 규모로 2개 층으로 구성됐다. 1층에는 평생 저항과 비판의 목소리를 냈던 선생의 저서와 약력, 서석초등학교를 다니던 어린시절 문병란의 시부터 시기별 대표작품이 전시됐다. 지금은 헌책방에서도 만나보기 어려운 희귀서《문병란시집》(1970), 《정당성》(1973), 《죽순밭에서》(1977), 《벼들의 속삭임》(1978), 《땅의 연가》(창작과비평사, 1981), 《아직은 슬퍼할 때가 아니다》(1984), 《동소산의 머슴새》(일월서각, 1984) 등을 원본 그대로 볼 수 있다. 건너편은 생전에 문병란 선생님 부부가 안방으로 사용하던 공간으로 당시 살던 모습을 그대로 재현해 놓았다. 자개농 옷장과 침대, 선생님의 시 '죽순밭에서'의 대나무가 서 있는 창가가 인상 깊다.

2층은 '동진헌(同塵軒)'이라고 불리던 서재가 있던 곳인데 생전의

직녀에게

『죽순밭에서』 1967년

이별이 너무 길다.
슬픔이 너무 길다.
선 채로 기다리기엔 은하수가 너무 길다.
단 하나 오작교마저 끊어져 버린
지금은 가슴과 가슴으로 노둣돌을 놓아

모습에 가깝게 재현해 놓았다. 서양 고전 클래식 등 음악을 즐겨 듣고, 조용필, 이미자 등 대중가요를 즐겨 부르던 선생님의 모습을 기억할 수 있는 앰프와 기타가 이채롭게 놓여있다.

또 시인의 서재를 찬찬히 들여다보고 있으면 성실함과 세밀함에 놀라곤 한다. 당시 나왔던 동인지부터 시작하여 각종 문학잡지가 꽂혀있는데 선생님의 시가 실린 문학잡지 페이지에는 어김없이 색색의 갈피가 꽂혀 있다. 서재 옆의 작은 방엔 시인의 작품을 감상할 수 있는 영상실이 있고, 시인의 작품을 필사하고 창작해 볼 수 있는 체험공간도 마련돼 있다.

시인의 방 Poet's Room

내가 사랑한 광주, 원도심 동구

힙한 거리,
들썩이는 마음

광주를 생각하면
조금은 무겁고 엄숙한 도시라는 느낌이 든다는 분들이 있다.
요즘 말로 '엄근진'의 이미지랄까.
하지만 광주로 한 발 더 깊이 다가서면 뜨겁고 젊은 도시를 만날 수 있다.
광주 동구의 충장로와 금남로는 극장가가 밀집해있고,
쇼핑가와 음식점들이 몰려있는 호남 최대의 번화가다.
봄에는 5·18전야제와 프린지 페스티벌이,
가을이면 추억의 충장축제가 이곳에서 펼쳐진다.

충장로, 충장축제

충장로는 광주를 대표하는 거리다. 의병장이었던 충장공 김덕령 장군의 시호를 딴 이름부터 '광주다움'을 보여준다. 충장로는 국립아시아문화전당과 이어진 충장로 1가부터 광주일고 앞 충장로 5가로 이어지는데, 1,2,3가는 쇼핑몰과 음식점들이 많고, 4가와 5가는 한복, 양복, 귀금속 등 전통적인 전문상가들로 이루어져 있다. 그래서 광주사람들은 충장로에 간다고 하지 않고, '시내'에 간다고들 했다. 가장 대표적인 번화가였고, 유행을 선도하던 곳이었기 때문이다.

가을이면 이곳 충장로에서 도심 거리축제인 추억의 충장축제를 만날 수 있다. 이 거리에서 청춘을 보낸 이들에게 70년대와 80년대의 추억을 되돌려주고, 젊은 세대들에게는 경험하지 못한 시절을 선물해주는 추억의 충장축제는 거리행진과 다양한 체험공간들로 해마다 관광객들의 사랑을 받고 있다.

또한 충장로 골목마다엔 숨은 맛집들이 많다. 1,2가에는 광주 대표 빵집 궁전제과를 비롯해 수십 년째 단골들이 찾아오는 오래된 맛집들이 있고, 4가와 5가 쪽으로 가면 관록을 자랑하는 중화요리전문점과 메밀국수 전문점 등이 있다.

광주청소년삶디자인센터 앞 길로는 K팝 스타의 거리가 조성되어 있다. BTS의 제이홉을 비롯한 광주 출신의 케이팝 스타들을 기념하는 조형물 등이 설치되어 있어 사진맛집으로 불린다.

금남로, 5·18 전야제

금남로를 걸을 때면 이 거리는 거대한 역사의 지문을 간직한 곳 같다는 생각이 든다. 5·18 함성이 울려 퍼지던 자리에 5·18민주화운동기록관이 들어서 있고, 금남로 공원에는 3·15기념비와 6월항쟁 기념비가 서 있다.

이제 제의를 넘어 축제로 승화되고 있는 5·18전야제, 프린지페스티벌, 충장축제 등에 넉넉한 품을 내주는 곳도 금남로다. 사람을 품고, 사람의 이야기를 간직한 거리, 금남로를 걷는 것은 광주를 넘어 대한민국의 역사를 걷는 일이다. 국립아시아문화전당에서 시작해서 수창초등학교 너머까지 이어지는 이 거리는 광주의 동맥과도 같고, 역사를 떠받치는 뼈대와도 같다. 거리이면서 광장이고, 거대한 그림을 품은 캔버스 같다.

동명동 카페거리

동리단길이라는 별칭까지 얻으며 새로운 명소가 되고있는 광주 원도심의 중심가, 동명동. 동명동이 사랑받는 이유는 개성적인 카페와 음식점 때문이기도 하지만 실핏줄처럼 휘돌아 나가는 골목길을 걷는 즐거움이 있기 때문이다.

광주의 대표적인 부촌으로 불렸던 동명동은 도청 이전 등으로 침체 위기를 겪었지만 원도심의 골목 풍경을 그대로 지니고 있다. 골목길 주택들 사이로 개성적인 카페들이 들어서기 시작하고, 사이사이에 산책로가 조성되었다. 인근에 조선대학교가 있고, 국립아시아문화전당과 충장로가 연결되어 있어 젊은 활력이 가득한 곳이다.

하루가 다르게 새로운 음식점과 카페, 소품샵과 공방들이 들어서면서 명실공히 광주의 '핫플'로 불린다. 카페거리의 한복판에는 중앙도서관이 있다. 커피향 가득한 카페촌 한복판에 도서관이 자리하고 있어, 색다른 운치를 느끼게 한다.

Dong-gu

지산유원지
리프트카 & 모노레일

지산유원지에 있는 리프트와 모노레일은 요즘 뜨는 젊은 세대들의 핫플레이스이다. 스릴을 만끽할 놀이공간으로 리프트와 모노레일 타기가 SNS 등을 통해 인기몰이를 하고 있다.

무등산 향로봉 전망대까지 가장 쉽고 빠르고 편하게 올라와 광주 시내를 한 눈에 조망할 수 있는 곳이다. 자연이 만들어낸 초록숲 터널, 울긋불긋 꽃단풍 터널을 리프트를 타고 지날 때의 신비경은 그 무엇과도 바꿀 수 없는 아름다움으로 다가온다. 연인과 친구와 가족들과 함께 탄 리프트와 모노레일에서 무등산과 광주시내를 배경으로 셀프 샷을 눌러 행복한 표정을 담노라면 멋진 추억의 한 장면이 저절로 연출되어 기분까지 상쾌해진다.

이곳 지산유원지는 처음 개장했던 1978년 이후 광주 시민들에게 사랑받은 관광지로서 명성을 날렸던 곳이다. 전망대가 있는 무등산 자락의 경치가 아름다워 중고등학생들의 소풍 장소로도 사랑받았다. 바이킹, 범퍼카, 회전목마 등 놀이기구를 갖춘 복합레저 단지였기 때문이다. 그런데 2005년 운영업체 부도로 10여 년 동안 방치되어 있다가 2016년 리프트와 모노레일이 재가동되면서

다시 한번 젊은이들을 유혹하는 공간으로 떠오른 것이다.
설치된 리프트는 총 54개이다. 트랙을 돌 듯 움직이면서 상승과 하강이 교차되는데 처음 얼마간은 아래 바닥도 낮고 완만하여 구름 위에 떠있는 듯 편안하다. 하지만 정상을 남긴 30m쯤 전부터서는 발이 간지럽고, 몸이 오싹해지는 스릴과 상승의 희열을 맛볼 수 있다. 올라가는 데까지 걸리는 시간은 대략 15~20분쯤 소요된다.
리프트에서 내리고 나면 인왕봉, 지왕봉, 천왕봉, 서석대, 장불재가 한 덩어리로 보이는 무등산이 눈앞에 펼쳐진다. 계절에 따라 펼쳐지는 무등산의 황홀한 경치를 맛볼 수 있는 뷰 포인트 같은 곳이다. 그곳을 지나 숲속 산책로를 따라 5분 정도 걸어가면 모노레일을 탈 수 있는 '빛고을역'이 나온다.
모노레일 위로는 2량으로 연결된 1,2호기 차량이 운행되고 있다. 1량에 승무원 포함 18명이 탈 수 있다. 레일 길이는 714m, 빛고을역에서 향로봉 전망대까지 왕복 30분이 걸린다. 사실 리프트보다 이 모노레일이 아슬아슬하다. 느릿하게 가는데 좌우로 덜컹거리는 것이 불안함을 가중시키고, 눈으로 보이는 높이가 잠깐씩의 공포를 준다. 먼 데로 눈을 돌리면 광주 시내와 무등산이 360도 파노라마로 펼쳐진다.

남광주시장 &
대인시장

이른 새벽마다 남광주시장에는 도깨비시장이 선다. 1970년대 이전부터 이 곳 역 광장에서는 부지런히 새벽기차를 타고 온 전라도 아낙네들이 난전을 펼치며 인산인해를 이뤘다. 보성, 조성, 광곡, 이양, 춘양, 여수 등 전라도의 풍부한 농수산물을 싣고 새벽기차가 도착하면 아직 파르스름한 불빛의 시장은 사람들의 가쁜 숨소리로 활기가 넘쳐났다. 그 새벽시장이 기차가 끊긴 후에도 계속되고 있는 것이다. 남광주시장은 수산물시장으로 유명하다. 갈치, 고등어, 낙지, 꼬막, 꽃게, 홍어 등을 파는 수산물시장이 새벽마다 선다. 2015년 행정자치부 전통시장 야시장 공모사업에 선정돼 '남광주밤기차야시장'을 운영하는 등 새벽시장뿐만 아니라 야시장 활성화에도 노력을 아끼지 않고 있다. 2018년 중소벤처기업부 문화관광형시장 육성사업 공모에 선정된 후 문화관광 기반시설 조성과 문화 콘텐츠 개발, 다양한 문화공연을 개최하고 있다. 대표적인 것이 남광주시장의 명물인 수산물·국밥을 특성화한 '수국만발프로젝트'이다.

Dong-gu

대인예술시장은 전국적 명성을 지닌 곳이다. 재래시장에 예술가들이 입주하면서 시장과 예술이 시너지를 일으키는 상상력 가득한 공간이 되었다. 상점 셔터마다 그려진 그림들, 시장의 골목 벽화들도 눈길을 끈다.

1959년 5월 공설시장으로 문을 연 이래 양동시장과 함께 광주 재래시장의 양대산맥으로 꼽혔다. 하지만 주변에 있던 기차역과 터미널이 이전하면서 침체의 길을 걷다가 2008년 광주비엔날레 '복덕방프로젝트'를 계기로 예술가들이 입주하면서 새로운 계기를 맞게 됐다.

이후 예술야시장 프로젝트가 펼쳐지면서 '대인예술시장'이라는 이름으로 불리게 되었다. 문화기획자들과 예술가들의 열정이 새로운 시장문화를 만든 것이다. 2018년 한국 관광의 별로 선정된 바 있다.

내가 사랑한 광주, 원도심 동구

G-Art로의 초대

유럽 문화의 결을 을 바꾼 사건이 68혁명이었다.
'금지하는 것들을 금지한다'라는 구호 아래 여성, 소수자 등 소외된 가치들을
사회 문화 전반으로 끌어올리려는 다양한 시도들이 있었다.
유럽에 68혁명이 있었다면 한국에는 5·18이 있었다.
개발과 성장 위주의 패러다임에 저항하며
공동체 정신과 인권의 기치를 높이 들었기 때문이다.
광주 문화예술의 독특한 결은 이런 역사적 배경과 무관하지 않다.
사람을 놓치지 않는 공동체 정신이 광주의 문화예술을 한결 풍요롭게 만들었다.
인본에 바탕을 둔 광주의 문화예술을 G-ART라 명명해보았다.

유럽 여행자들은 미술관 투어를 주요 여행코스로 삼는다. 남프랑스 미술 기행, 베를린 박물관 투어 등이 대표적이다. 광주에도 미술관 투어를 즐길 수 있는 곳이 있다. 동구 의재로에 있는 갤러리 투어코스이다. 운림동 갤러리 촌의 가장 큰 매력은 무등산 자락에서 예술작품을 만날 수 있다는 점이다. 의재로는 지하철 학동·증심사 입구역 3번 출구부터 시작해서 버스 종점이 있는 전통문화관 앞까지 이르는 길을 말하는데 버스여행객들에게도 최적의 여행 코스다. 배낭을 메고 산책하듯 걷다 보면 곳곳에 다양한 맛집과 운치 있는 카페, 그리고 갤러리들을 만날 수 있다.

무등산 몽마르뜨, 운림동 갤러리 촌

의재미술관

운림동 성촌마을에서 무등산 중심사 계곡을 따라 중심교, 의재교를 지나 산길을 거슬러 올라가면 숲속에 자리한 한 폭의 그림 같은 현대식 건물이 나온다. 20세기 우리나라 남종 문인화의 대가인 의재 허백련(毅齋 許百鍊 1891~1977) 선생을 기념하기 위해 2001년에 건립된 미술관이다. 사찰 문화재 등을 전시하는 박물관 빼고는 우리나라에서 보기 드물게 국립공원 안에 들어서 있는 사립미술관이다.

묵은 팽나무가 문지기처럼 서있는 미술관 입구를 지나면 노출 콘크리트와 목재, 반투명 유리로 마감한 건물이 눈에 들어온다. 자연을 거스르지 않는 단순하고도 세련된 디자인이 은근한 존재감을 드러낸다.

의재미술관은 대지 면적 1800평에 건축 면적 246평의 그리 크지 않은 규모의 미술관이다. 차 문화교실로 쓰이는 삼애헌과 관리동, 지하 1층~지상 2층의 전시동으로 구성돼 있다. 입구 빼고는 모든 통로와 길이 비스듬하게 놓여있고, 전시동은 반투명 유리로 외형을 갖췄는데 건물과 자연의 경계가 자연스럽다. 의재미술관은 도시건축 대표 故조성룡 건축가와 한국예술종합학교 김종규 교수가 공동 설계했다.

우제길미술관

길을 따라 성큼성큼 무등산 쪽으로 가다 보면 광주 여행자 플랫폼으로 선정된 전통찻집 차생원 본점이 있고 조금 위에는 광주제다와 삼애다원이 마주하듯 서 있다. 다시 그 길을 따라 증심사천을 가로지른 운림교를 지나 학운중학교 앞에서 2시 방향 오른쪽 생활도로를 30m쯤 꺾어 들어가면 하얀색 건물의 우제길미술관과 마주한다. 이곳의 생활도로 양면은 모던한 도회풍광과 꽃길이 놓여 있다. 원형의 회색빛 반짝이는 스테인리스에 보름달 같은 둥근 가로등이 줄줄이 늘어서 있고, 그 아래 화단에는 나비가 춤추는 듯한 모양이 아름다운 가우리를 비롯해 은목서, 홍가시나무, 측백나무, 은사초 등 조경도 예사롭지 않아 보인다.

그 길에 우뚝 서 있는 우제길미술관은 색면 추상으로 유명한 서양화가 우제길 작가의 작품세계를 한눈에 볼 수 있는 사립미술관이다. 지난 2001년 4월 13일에 처음 문을 열었다. 운림동 미술관 중에서 가장 먼저 개관한 미술관이다. 이후 2014년 건축가 승효상 씨의 설계로 리모델링하여 복합문화공간으로서 거듭났다. 미술관에서는 기획전시, 특별전시, 상설전시, 성인강좌, 어린이 교육프로그램, 학교연계 교육프로그램, 심포지엄, 워크숍 등의 전문 박물관 전시 및 교육 행사들을 지속해서 추진하고 있다. 이 미술관의 특징 중의 하나는 바로 우 작가의 작품세계를 조명할 수 있도록 그의 생애 전반에 관한 아카이브를 구축하고 있다는 점이다.

무등현대미술관

전통문화관을 나와 횡단보도를 건너면 무등현대미술관이다. 서양화가 정송규 작가가 2007년에 문을 열었다. 정 작가가 이곳 운림동에 마음을 둔 것은 25년 전 쯤이다. 당시만 해도 논에서는 개구리가 울고, 숲에서는 아름다운 목청을 자랑하는 새와 바람들이 정 작가의 마음을 훔쳐버려 이곳에 미술관을 짓기로 뜻을 세웠다고 한다. 2009년 무등현대미술관이 있는 성촌마을이 문화마을로 지정되었는데, 문화마을 지정을 준비한 2008년부터 무등현대미술관은 성촌마을과 관련된 전시 콘텐츠를 지속 개발해오고 있다. 마을의 전해오는 이야기를 주민과 함께 학자골로 불렸던 성촌마을의 문화자원을 찾아 콘텐츠화했다. '할아버지의 서당 이야기', '성촌마을에 달이 뜨다', '예술을 꿈꾸는 마을-자연, 인간 그리고 예술' 등이 대표적이다.

드영미술관

성촌마을에는 무등현대미술관과 함께 담벼락을 경계로 들어선 드영미술관(Deyoung Art Museum)이 자리하고 있다.
서양화가 김도영 관장이 프랑스어로 젊음을 의미하는 '드영(deyoung)'이란 이름으로 2018년 5월 1일 개관했다. 미술관 이름에서 풍기듯이 트렌디한 전시와 청년작가 발굴에 집중해 운영하는 것이 색다른 점이다. 드영미술관은 "대중과 함께하는 미술관"이라는 슬로건을 내걸고 있다. 지역사회의 시민과 미술가들이 소통하며 예술을 향유할 수 있는 창조공간으로서 발돋움해 나가고자 하는 의미를 내세우고 있는 것이다.

국윤미술관

배고픈 다리라는 별칭을 가진 홍림교를 막 건너면 4층 건물을 마주하게 되는데 1층은 프랜차이즈 제과점이 있고 지하 1층은 교육실, 2층은 전시실, 3층은 작업실 및 수장고, 4층은 학예연구실로 운영되고 있다. 국윤미술관은 부부 국중효 서양화가와 윤영월 조각가의 성을 따 작명한 사립미술관인데 2008년에 개관했다. 평소 부부 작가가 온 힘을 다해 창작해온 작품은 물론 광주의 내로라 하는 작가들의 회화, 서예, 조각, 공예, 드로잉 작품들을 다양하게 소장하고 있다.

전통문화관

전통문화관은 지난 2012년 호남은행 설립자인 현준호의 별장 무송원(撫松院)을 이설 복원하여 개관하였다. 원래 동구 학동에 있던 별장을 그의 후손들이 광주은행에 기증했고, 이후 화순으로 옮겼다가 전통문화관를 지을 때 광주은행이 무상증여하여 이곳에 안착하게 된 것이다. 전통문화관은 남도의 자랑스러운 전통문화를 전수·보존하는 공간이자 상주문화재가 직접 지도하면서 우

리의 옛것을 보고 함께 만들고 배우는 전국 유일의 창작 공방이다. 무형문화재를 보존·전승하는 전수 교육이 이루어지고, 전통문화예술을 올리는 주말 상설공연이 일 년 내내 끊이지 않는다. 전통문화예술 강좌와 전통문화예술 체험 행사 등이 운영되고 있다. 또한, 악기장, 탱화장, 남도의례음식장 등의 작품이 전시되어 있다. 전통문화관 시설은 서석당, 입석당, 새인당, 솟을대문, 너덜마당 등으로 2천 평 대지 위에 세워져 있는데 전통 한옥의 옛 정취가 그대로 살아있어 보고 있기만 해도 마음이 편안해진다.

오래된 화랑가를 걷다, 궁동 예술의 거리

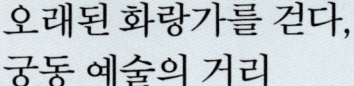

광주가 언제부터 '예향'이란 이름의 옷을 입게 되었을까. 예향이라는 이름을 대변이라도 하듯 생긴 궁동 예술의 거리는 어떤 역사를 갖고 있을까. 궁동 예술의 거리는 1980년대 초반부터 형성이 되기 시작했다. 화랑, 표구점, 고미술상들이 하나둘 둥지를 틀면서 자연스럽게 형성된 예술촌이다. 1987년에 '예술의 거리'라는 이름이 탄생한다. 중앙초등학교 입구에서부터 동부경찰서까지 약 300m 구간을 지정한 것이다. 2010년에는 중앙초등학교 후문에서 5·18민주화운동기록관까지를 예술의 거리에 편입시켜 전체 약 600여m에 이르는 도로 주변이 '예술의 거리'로 확장됐다.

광주예술의거리
ART
STREET

지금 이곳에는 갤러리와 화방, 표구점, 골동품점, 소극장, 전통찻집, 아트숍, 음악 공간, 사진관, 연기학원 등 예술과 관련된 공간과 세계조각장식박물관, 미로센터 등이 들어서 있다. 예술의 거리를 오래도록 지켜온 이들은 지역 화가들과 서예가들이라 할 수 있다. 수많은 광주의 예술가들과 서예가들이 예술의 거리에 작업실을 두고 있다. 이들 예술가와 협업 시스템을 이루고 있는 이들이 화랑과 화구점들이다.

전주화랑과 무등화방 등 줄잡아 20여 개의 전문 화구점과 화랑이 있다.

새롭게 들어선 문화시설은 광주 동구청이 운영하는 '미로(美路)센터 (동구 중앙로196번길 15-12)'이다. 국토교통부 주관 도시재생 선도지역사업 일환으로 지난 2019년 말 개관하면서 예술의 거리의 새로

운 명소로 자리 잡아가고 있다. 미로센터 이름은 아름다울 美와 길 路를 조합해 만들었는데, 다소 복합적 뜻이 숨어있다. '아름다움'을 찾아가는 '길'이 단순한 일이 아닐 것이므로 '미로'처럼 복잡할 것이다. 실제 미로센터가 찾아가고자 하는 방향은 문화×도시×재생의 실현이다.

미로센터 자체가 문화를 통해 도시를 바꾸는 도시 재생프로젝트의 거점 공간을 자임하고 있는 셈이다.

미로센터는 기존 미술학원 건물을 리모델링해서 갤러리를 확장하고 신축건물 2개 동과 유기적으로 연결이 되어 독특한 건축미를 자랑한다. 갤러리, 공연장, 라이브러리, 공방, 창작실, 교육·체험 공간, 카페, 야외행사장 등 거리 활성화를 위한 거점시설을 갖췄다. 이곳 전시공간은 대규모 전시가 가능하다. 1층 갤러리에서는 다양한 기획전이 열린다. 2층에는 미로 책방과 미로 창작방이 자리하고 있고, 3층 미로 스튜디오는 국내외 작가들의 레지던시 공간으로 사용한다.

그림과 사랑에 빠지다,
도심 속 미술공간

오월미술관

오월미술관(문화전당로 29-1, 관장 범현이)은 국립아시아문화전당 어린이문화원 건너편 'CAFE MUSEUM'이란 간판이 걸린 건물에 있다. 1층은 카페 겸 소규모 라이브 공연을 하는 공연장이다. 매주 금요일 밤 음악공연을 즐기면서 차를 마실 수 있다. 2층 계단을 오르면 68평 규모 전시공간인 오월미술관이 나온다. 그러니까 1,2층을 합해 전시, 공연, 세미나, 출판기념회, 낭송회 등을 열 수 있는 소규모 복합문화공간인 셈이다. 오월미술관은 운영의 지향성이 뚜렷하다. 흩어져 있는 오월미술과 민중미술을 하나로 아우르는데 주력하는 개념으로 세워진 오월 전문 미술관이다.

그동안 오월미술관은 민족시인 김남주시화전, 보루-예술이 된 노무현전, 김경주 화가의 '목화꽃은 두 번 핀다'전, 정희승 화가의 '나는 너다'전, 박홍규 화가의 '혁명은 순정이다' 전 등 시대정신이 투철하거나 민중의 삶을 깊이 있게 천착한 작가들의 작품을 선보여 왔다.

김도현·실비아 올드미술관

김보현·실비아 올드 미술관은 2004년 광주시 등록문화재로 지정된 조선대학교 본관 1층에 위치해있다. 미술관은 2011년 9월 29일 문을 열었고, 총 362.8㎡ 규모로 259㎡의 전시실과 103.6㎡ 수장고를 갖추고 있다. 조선대학교 설립 역사와 함께 해온 김보현 화백과 그의 부인 실비아 올드 여사의 작품세계를 한눈에 볼 수 있다. 이곳에는 두 화백의 작품 390여 점을 영구 보관하고 있다. 미술관 설립과 깊은 관련이 있는 김보현 화백은 조선대 설립 역사와 함께 해온 인물이다. 1917년 창녕에서 출생했으며, 일본 태평양미술학교를 졸업 후, 1946년 조선대 미술학과 초대학장을 역임했다. 1955년까지 조선대에서 후학 양성을 위해 노력했다.
1955년 미국 일리노이대 교환교수로 간 뒤 1957년부터 뉴욕에 머물렀다. 뉴욕에서의 생활은 불법체류자 신분으로 힘겹게 살면서도 미술에 대한 열망을 놓지 않았다. 당시 뉴욕을 휩쓸던 추상표현주의는 김화백의 심리 상황과 잘 맞아떨어졌다. 이후 뉴욕에서 꾸준히 화업을 이어갔고, 한국에선 90년대 중반 첫 귀국전을 열었다. 뉴욕에서 그의 이름은 PO KIM(포 김), 한국 이름은 김보현(1917~2014)이다.
그동안 미술관은 '김보현 탄생 100주년 기념 기획전'을 비롯해 '사랑과 영혼'전 '근원과의 만남 드로잉전'과 최근에 열린 개관 10주년을 맞이한 '먹의 심포지움'전 등 다양한 기획전시와 교육프로그램을 운영해왔다.

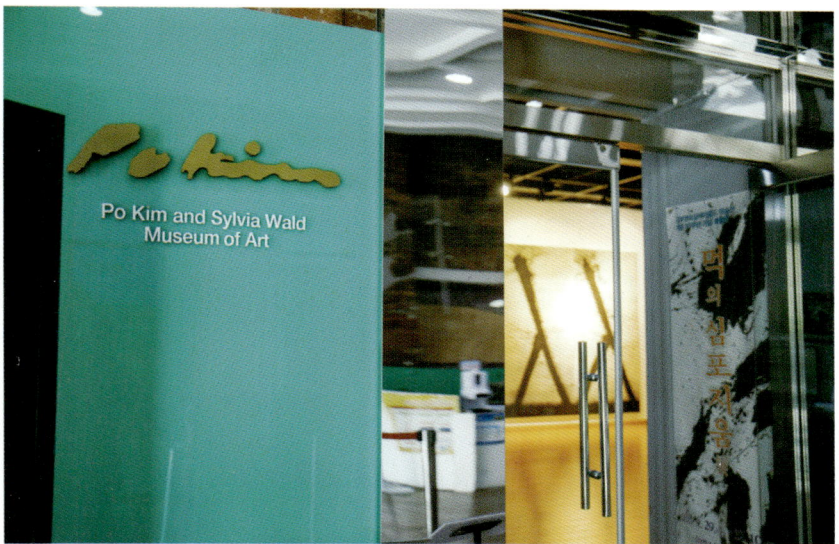

금호시민문화관

금호시민문화관(금남로 193-19)은 지난 2018년부터 무료 개방하고 있다. 이곳은 알려진 대로 금호아시아나그룹 창업주인 고(故) 박인천 회장의 집이다. 총 5,500여㎡에 달하는 넓은 부지 위에 본채와 사랑채 두 동의 주택으로 구성됐다. 본채가 1931년 지어졌다고 하는데 초기에는 한옥 형태였다. 박 회장 가족들이 살기 시작하면서 증·개축이 이뤄져서 현재의 모습에 이른다.

문화관 입구에 들어서자마자 눈에 띄는 것은 문 입구 왼편에 옛

날 검은색 5인승 중고택시(1935년산 5인승 포드차량)다. 박인천 회장이 광주택시를 창업할 때 중고택시 두 대로 시작한 것을 기념하고 있다. 전남 5219라는 차량번호가 그 시절을 증거해준다.

문화관은 공원처럼 넓고 고즈넉하다. 소나무와 배롱나무, 단풍나무, 호랑가시나무 등 나무와 꽃, 그리고 연못까지 조경을 보는 맛도 있다.

김냇과 갤러리

길을 걷다가 다시 돌아보게 된다. 짙푸른 빛깔의 건물이 시선을 사로잡기 때문이다. 대인동의 문화명소인 복합문화공간 '김냇과'(구성로 204번길)이다. 복합문화공간 김냇과가 문을 연 것은 2017년이다. 1965년부터 1996년까지 진료를 하던 김냇과 병원이 문화공간으로 재탄생된 것이다. 지하 1층부터 3층까지 다양한 공간으로 구성돼 있다. 지하는 전시, 공연, 교류, 교육 등을 할 수 있는 다목적 갤러리이고, 1층은 작가 아트상품, 전시, 리미티드 아트토이를 전시하는 갤러리 카페를 운영하고 있다. 2층은 대안공간 미테우그로(Mite Ugro)가 입주해 국내외 작가 교류 프로그램을 운영 중이며 광주예술 전시장 및 도서관을 배치했다.

3층은 김냇과만의 특별한 비지니스 예술 호텔이 마련돼 있다. 호텔은 침대방 3개 룸과 온돌방 3개 룸을 갖췄다. 룸과 복도에는 미술작품이 걸려 있어 마음을 편안하게 해준다.

주안미술관

주안미술관(동구 제봉로 197)은 어려운 창작환경에 있는 청년작가들을 지원하는 데 목적을 두고 설립한 갤러리이다. 지난 2014년 12월에 광주 대인동에 처음 문을 열었다. 동부소방서에서 한미쇼핑 사거리로 가는 도로 오른편의 달콤커피 대인점 건물 지하에 있다.

주안미술관 탄생의 주역은 조선대학교 미술대학 조소과 출신인 HY통신 박호영 대표이다. 그가 새로 건물을 세우면서 지하 40여 평 공간을 갤러리로 꾸미고 후배인 이종회 조각가를 관장으로 초빙해와 운영을 맡겼다. 주안미술관은 대인예술시장 작가나 공예가들의 아트상품을 진열, 판매한다. 입구 쪽에 아담한 아트샵 공간을 두고 작가 자신의 작품홍보를 위한 캐릭터나 디자인, 작품을 활용한 아트상품도 제작해준다.

시민 작가의 사랑방, 예술공간 집

예술공간 집(동구 제봉로158번길 11-5)은 꾸준히 미술사 강의, 직장인을 위한 아트런치, 학생을 위한 문화예술교육 등 다양한 아트클래스를 열고 있는 소규모 복합예술공간이다. 전남여고 근처 골목의 50년 된 한옥을 문희영씨가 개조했다. 문대표가 학창시절에 부모님과 함께 살던 집이었다고 한다. 사람을 품었던 공간이 예술을 품는 공간이 됐다는 사실이 매력적이다.

50년 넘게 살았던 '집'이었던 만큼 갤러리 이름에도 '집'이 들어있다. '살림하는 집'이 아니라 예술을 담는 그릇으로서 '예술공간 집'이 된 셈이다. '예술공간 집'은 한옥의 운치가 아름답다. 안채는 서까래를 살려 개조한 전시공간이다. 삶의 향기와 함께 그림이 살아 숨쉬는 듯하다. 그동안 개관기념전 '다시 호흡하는 시간'을 시작으로 5·18 40주년 기념 특별전 강연균의 '하늘과 땅 사이-5' 등 지역성에 기반을 둔 다양한 기획을 선보였다.

은암미술관

은암미술관(동구 서석로85번길 8-12, 관장 채종기)은 '예향 전통의 맥을 이어 다양한 예술인들이 새로운 문화를 창출한다.'는 설립 이념을 가진 사립미술관이다. 올해로 개관 10주년을 맞는 은암미술관은 비중 있는 전시와 더불어 시대의 요구를 반영한 인문학 강좌와 예술교육 프로그램 등도 운영하고 있다. 조선대학교 인문학연구원과 함께 진행한 '그림과 함께 읽는 한국고전문학' 강좌 등이 대표적이다. 지역교류전 '역설과 반전', 한-중 교류전 '기억과 유대', 오동섭 화백의 '한국호랑이 6,000년의 흔적' 전 등 시민들의 주목을 받는 전시를 해오고 있다. 국립아시아문화전당과 예술의 거리 사이에 위치한다.

Dong-gu

갤러리생각상자

동구 학동에 위치한 '갤러리 생각상자'(동구 남문로 628, 관장 주홍)는 기업이윤을 문화예술 확산으로 사회 환원하는 '종이와 사람들' 후원으로 출발한 새로운 개념의 비영리 갤러리이다. 비영리 갤러리인 만큼 좋은 작업을 하는 작가를 꾸준히 발굴하는 것에 목적을 두고 있는데 특히 광주·전남 지역을 주축으로 작업해 온 신진·청년 작가들에게 전시 기회를 주고자 한다. <13인의 엄마 이야기전>, <두개의 깃발전>, <오월의 자화상-부마에서 광주까지> 전 등 의미 있는 기획들로 광주문화예술의 지평을 넓혀가고 있다.

미노갤러리

계림동 나무전거리를 걷다보면 목재상들 사이에 자리한 갤러리가 눈길을 끈다. 2018년에 오픈한 미노갤러리(동구 동계로 15번길 20-4)다. 대학에서 미술을 전공한 조민호씨가 산업디자이너 활동을 하다가 오픈한 곳으로 김효삼·문정호·조문현·명현철 작가 등 광주 중견작가들을 초대한 '나무전거리·동행전', '신선윤전' 등을 개최한 바 있다. 목재상과 건축자재상이 즐비한 나무전거리에 위치한 미노갤러리는 공간의 위치 자체가 마치 예술과 생활이 하나라는 것을 보여주는 것 같다. 크지 않은 갤러리 공간에서 다양한 기획전시가 열린다.

오지호 가옥

조선대학교 앞 필문대로에서 무등파크호텔로 접어드는 초입부터는 지호로라 불리는 도로가 있다. 우리나라 1세대 인상주의 거목이자 '빛의 화가'로 불렸던 오지호 화백(1905~1982)의 이름을 딴 도로이다. 인물과 관련된 도로명을 가져다 쓸 때 대부분 호를 붙이는 것이 일반적인데 이곳의 도로는 그냥 이름을 가져다 '지호로'가 됐다. 광주광역시 기념물 제6호로 지정된 오지호가는 오화백이 1954년부터 1982년까지 그림을 그리며 기거했던 집이다. 초가지붕을 한 안채는 원래 100여년 전의 오래된 건물로 서서히 허물어지기 시작하자 1986년에 전면적인 보수작업을 해 지금의 모습을 갖추게 됐다. 대문을 열고 들어서면 오지호 선생이 화실로 썼던 문간채가 있다. 장마루가 있고 박공지붕을 이고 있는 정통 유럽식 건물이다.

도시 재생, 그것은 죽어가는 도시에 숨을 불어넣고 호흡할 수 있게 살려내는 심폐소생술 같은 것이다. 한때, 기능했으나 생명을 다한 공장이나 폐건물이 대표적인 도시 재생의 대상이 된다. 그래서 도시 재생 사례만을 여행하는 여행자들이 있다. 시대의 파고를 문화적으로 넘어서는 공간들의 의미 있는 변신을 보고 싶기 때문이리라. 충장로 5가에 있는 '충장22'가 바로 그런 곳이다.

간장공장의 변신,
복합문화공간 충장22

충장로 5가는 일제 강점기 무렵부터 1980년대 무렵까지 광주 최고의 번화가였다. '충장 22'는 그 번화가 중심에 있던 옛 간장 공장, 양조장이 있던 자리다. 1970년대에 개업하여 운영해왔는데 경제난으로 폐업하는 바람에 지난 10여 년 이상 방치돼있었다. 충장로 5가 일대 상가 주민과 동구는 합심하여 이곳을 다시 살려 옛 명성을 되찾으려는 방안을 모색하기 시작한다. 때마침 국토교통부가 추진한 도시 재생 선도지역 공모 사업에 선정되어 활로가 생겼다. 옛 간장 공장은 주민과 작가, 크리에이터가 모여서 활동할 수 있는 공간으로 거듭났다. 문화예술인이나 크리에이터가 거주하며 공동작업 등 창작환경을 조성하는 프로그램과 충장로 상가 주민대상 문화 프로그램을 운영하고 있다. '충장 22'란 이름은 작가 거주 레지던시 공간이 22개이며, 건물이 자리한 도로명 주소가 '충장로22번길'이라는 데서 연유됐다. 동구 모바일 앱 '두드림'에 지역민 선호도 조사를 하고 동구청 직원들의 의견수렴을 거쳐 최종 결정된 이름이다.

'충장22' 공간 구성은 연면적 1,883㎡에 지하 1층, 지상4층 규모로 다목적 전시공간과 공유사무실, 코워킹&코리빙, 레지던시 독립실 22개로 꾸며져 있다. 충장22 간판이 걸린 건물로 들어서면 멈춰진 폐 간장공장이 새로운 문화의 옷을 입고 재탄생한 복합문화공간을 만나볼 수 있다.

내가 사랑한 광주, 원도심 동구

초록초록
힐링 여행지

걷는 것만으로도 마음에 평온을 얻을 수 있는 길들이 있다.
걷는 행위, 그 자체가 몸과 마음에 활력을 주고, 위안을 주기 때문이다.
내가 동구에서 가장 좋아하는 산책로는 푸른길이다.
기차가 다니는 폐선부지는 시민들의 산책로가 되었고,
산책로 곳곳에는 야생화와 나무들이 싱그럽다.
코로나 팬데믹을 겪는 시민들에게 가장 큰 위안이자 응원이 되고 있는
초록초록 힐링 쉼터를 소개한다.

광주의 어머니산,
무등산

무등산만큼 상징으로 가득 찬 산도 흔하지는 않을 것이다. 그래서 광주에 살고 있는 사람도 그렇거니와 외부에서 온 이들도 광주하면 맨 먼저 떠올리는 것이 '무등산'과 '5·18'이다. 한국 현대사의 상징으로서 어쩌면 무등산이 5·18이고, 5·18이 무등산일지도 모른다. 많은 사람은 무등산을 넉넉하고 덕스런 모습 때문에 어머니 같은 산이라고 한다. 봄에는 진달래와 철쭉, 여름에는 참나리와 수국, 가을에는 단풍과 억새, 겨울에는 온 세상을 하얗게 바꿔주는 설경을 보여주는 무등산이 광주를 품고 있기 때문이리라. 무등산은 광주와 담양, 화순에 걸쳐있는 면적 75.425km^2, 해발 1,187m에 이르는 산이다. 광주, 화순, 담양 어디에서 바라보아도 포근한 큰 둔덕 모습을 하고 있다. 1972년에 도립공원으로 지정

되었으며, 2013년 3월 4일, 국립공원으로 승격되었다.

무등산은 또 국가지질공원이자 유네스코 세계지질 공원으로 지정된 산이다. 지질공원의 범위는 무등산의 주상절리대만을 지칭하는 것은 아니다. 무등산 주상절리대를 비롯하여 화순의 서유리 공룡화석지, 담양의 추월산 등으로 넓게 분포한다. 이와 함께 그 지역에 오랜시간 동안 어우러져 생겨난 다양한 역사, 문화, 생태 유산들도 포함되어 있다. 이런 자연유산들은 지질학적 가치와 역사·문화 요소들의 독창성을 인정받아 2014년 12월에는 국가지질공원, 2018년 4월에는 유네스코 세계지질공원으로 공식 인증된 명산이다.

무등산 증심사

운림동 무등산 서쪽 기슭에 자리잡고 있는 증심사는 광주 지역의 대표적 사찰로 손꼽힌다. 무등산의 빼어난 산세의 중심에 있는 천년 고찰로 오랜 역사성을 갖고 있다. '신증동국여지승람'에는 증심사를 호남의 빼어난 명승이라 했으며, '광주읍지' 등에도 무등산의 정기를 함축하는 곳으로 기록되어 있다.

옛 기록에 증심사는 징심사라 부르기도 했다. 남북국시대 통일신라 헌인왕 4년에 승려 철감선사가 창건한 사찰이다. 고려 때 혜조국사가 중창했고, 조선 세종 때 김방이 중창하였는데, 이 때 오백나한이 조성되었다. 정유재란 때 불탔고, 광해군 때 또 다시 대규모 중수가 있었다. 이후 1951년 6·25전쟁 때 대부분 건물들이 불에 타 없어졌는데 오백전이 참화를 피해 유일한 조선조 건물로 남아있다. 1970년 이후 활발한 복원작업을 펼쳐 지장전, 비로전, 적묵당 등을 새로 건립했다.

증심사는 임제종 운동을 펼친 본거지로 유명하다. 일제강점기 때 식민 문화 정책의 발로로 한일불교 공동원류설이 제기된 적이 있다. 이때 한용운 등은 일본의 경우 염불종, 조동종 등이 주류를

이루면서 신도와의 융합이 이루어진 반면, 한국은 임제선을 중심으로 하는 선종이 주류였다는 주장을 펼친다. 한국과 일본 불교는 뿌리부터가 다르다는 논지였다. 그때 임제종 운동을 펼친 중심이 증심사였다고 한다.

증심사 일원은 1984년 2월 10일 광주광역시 문화재 1호로 지정이 됐다. 터가 기울어진 때문에 경사진 땅에 몇 개의 큰 단으로 나누어서 석축을 쌓고 건물을 배치하여 산지가람의 배치 특성이 잘 드러난 사찰이다. 소장 문화재는 보물 제131호인 철조비로자나불좌상, 광주광역시 시도유형문화재 제1호인 삼층석탑, 광주광역시 시도유형문화재 제13호인 오백전, 광주광역시 시도유형문화재 제14호인 석조보살입상을 보유하고 있다.

그동안 증심사는 광주 지역 대표 템플스테이 운영사찰로 명성을 높여왔는데 힐링을 원하는 사람들의 요람과 같은 곳이다. 바쁜 일상에 쫓기다 보면 스트레스가 쌓이게 마련인데, 자연과 함께 천년 고찰의 고즈넉함 속에 묻혀 정통요가와 명상 수련을 하면서 몸과 마음에 특별한 에너지를 충전할 수 있다.

동적골 산책로

무등산 자락에 있는 보석 같은 산책로 하나가 있다. 광주 학운초등학교 앞 동적교에서 시작하여 체육 쉼터까지의 2.2km에 이르는 길이다. 동적골은 말 그대로 동쪽에 있는 골짜기라는 뜻에서 유래됐다.

청정지역이나 다름없는 이 산책로는 봄이면 벚꽃과 진달래, 철쭉이 흐드러지게 피어올라 지나가는 산책객들의 가슴을 벅차오르게 한다. 여름이면 두 눈을 말끔히 씻어주는 신록과 함께 이 산책로에 빼놓을 수 없는 수국동산에 핀 갖가지 수국의 아름다운 자태와 마주할 수 있다. 가을이면 붉은색, 노란색 단풍이 물들고, 겨울이면 눈꽃이 가지마다 열려 비경을 선사하는 곳이다.

산책로를 걷다가 꼭 놓치지 않아야 할 곳은 현덕사 바로 옆에 길게 조성한 수국 동산이다. 코로나 19 장기화로 지친 시민들에게 특색 있는 볼거리와 힐링 장소를 제공하기 위해 우리 동구에서 마련한 생태 문화동산이다. 수국은 신기하게도 토양에 따라 꽃의 색이 달라지는 특성이 있다. 6~7월경 빨강, 분홍, 파랑, 흰색 등 다양한 색깔의 꽃으로 개화하기 때문에 아름답기 그지없다. 새로운 즐거움으로 다가설 것이다. 우리나라 국가표준 식물목록에 등록된 수국종은 총 11종이 있는데 이곳에 심은 수국종은 수국, 산수국, 나무수국 등 3종이다. 이 수국동산에는 오래 전부터 백로가 터를 잡고 사는데 지나가는 산책객들에게 자주 고고한 자태를 뽐내곤 한다.

또 산책로의 시냇가에는 마당바위가 보이는데 마을 사람들은 호랑이 바위라고 부르기도 한다. 오래 전 이 바위에 호랑이가 가끔 앉았다 가기도 했다는 이야기가 전해 내려오기 때문이다. 도로공사 때 철거하려 하자 동네 사람들의 만류로 이 바위가 보존되게 되었다고 한다.

산책길 끝자락에는 온갖 운동기구를 갖춘 체육 쉼터가 있다. 달리기, 다리 뻗치기, 허리 돌리기, 앉아 끌어주기, 공중 걷기, 파도타기, 하늘 걷기, 두 팔 노 젓기, 거꾸로 매달리기 등 수많은 운동기구가 산책객들을 반기고 있다. 바로 쉼터 정자와 정수기가 마련돼 있고, 앞 개울가에는 발을 씻을 수 있는 세족장이 있다.

폐선 부지 푸른길

광주 동구 계림동에서 구 남광주역과 양림동, 백운광장을 가로질러 진월동까지 뻗은 아름다운 녹색의 띠, 바로 푸른길 공원이다. 동구 청사와 가까워 곧잘 지나치는 길인데 살랑대는 나무그늘 아래로는 사람들이 늘 붐빈다. 도심 속에서 마음 놓고 팔을 휘젓고 다닐 수 있는 곳. 숨이 막히는 빌딩 숲에서, 또는 일터와 직장에서 돌아온 이들이 저녁밥을 먹고 나서 가족과 함께 산책할 수 있는 곳이다. 도심 속에 8.1km에 달하는 숲 터널이 있다는 건 놀라운 일이다. 150만명이 모여 사는 대도심에서 이같은 숲길을 마주하기란 그리 흔한 일이 아니기 때문이다.

시민참여로 바꾼 옛 철길의 변신

이곳 푸른길 공원은 원래 광주역에서 남광주역, 보성, 순천, 여수를 거쳐 경상남도로 이어지는 경전선 철길이었다. 경전선 일부 구간인 광주~여수(155km)간은 1930년 개통됐다. 그런데 1970년 무렵 도시가 확장되기 시작하면서 소음, 진동피해, 교통사고 등 주민 삶에 걸림돌이 되자 철도를 이설하라는 주민들의 요구가 10년 넘게 이어졌다. 1989년 광주역~남광주역~효천역 구간 폐선 결정이 내려졌다. 하지만 1998년 광주시가 이 폐선부지를 도시철도 2호선과 연계해 경전철 부지로 활용하는 방안을 모색하면서 주민들의 반발을 불러 일으켰다.

1998년부터 '도심철도 폐선부지 푸른길 조성운동'이 시작되었고, 이를 관철시키기 위해 '철길 걷기', '대보름맞이 달집태우기' 등 다양한 행사들도 병행해 나갔다. 환경운동 단체를 비롯한 시민단체들은 시민단체대로 광주시에 정책대안을 제시하며 '시민을 위한 녹지공간조성'을 요구했다. 주민과 시민단체는 2년 여에 걸쳐 30차례가 넘는 토론회와 포럼 등을 진행했고, 푸른길 조성에 대한 구체적 대안을 제시했다. 전문가들도 가세해 푸른길 조성이 광주에 미치는 영향을 도시계획, 도시생태, 인문사회분야에 걸쳐 심도있게 접근해갔다. 푸른길 조성이 결정되자 시민들은 스스로 '푸른길가꾸기운동본부'를 결성하고 100만 그루 헌수운동을 펼치기 시작했다.

주민들의 자발적 참여로 진행된 푸른길 조성운동은 세계적으로도 흔치 않은 일이었다. 시민들은 십시일반 모은 나무를 심기 시작했고, 각종 기업과 단체들도 동참하였다. 시민참여는 단순 나무심기에만 그치지 않았다. 벤치를 기증하고, 기념공원을 조성하는 등 푸른 숲 기부운동에 다양한 기업과 단체의 참여가 이루어졌다. 그런 결과 마을과 마을을 잇고, 사람과 숲을 잇는 푸른길 공원이 2014년에 이르러 전 구간이 완성됐다.

조선대학교 장미광장은 초여름의 명소다. 적잖이 227종의 장미를 한자리에서 볼 수 있는 특별한 공간인데, 전 세계 희귀장미를 대부분 만나볼 수 있다. 지난 2001년 조선대학교 의과대학 동문들이 기금을 모아 캠퍼스에 장미 정원을 조성하기 시작해 해마다 장미의 종이 늘고 있다. 현재 227종류에 1만 8000그루의 장미가 식재되어 있다.

아름다운 첨탑 형식의 조선대학교 건물이 산자락 아래 한눈에 들어오고, 그 아래 대운동장 주변에 장미광장이 조성되어있다. 캠퍼스의 싱그러움과 장미의 아름다움은 조화롭다. 장미 자체가 이국적 느낌을 주는 데다 온갖 화려한 이름의 장미들이 피어있는 정원을 거닐다 보면 유럽 어느 나라의 정원에 온 것 같은 착각이 든다.

선교동 너릿재 공원 & 유아숲

너릿재는 광주 동구 선교동과 화순 이십곡리를 잇는 해발 240m의 고개이다. 1519년 기묘사화 때에는 화순 능주로 유배 가던 조광조가 이 고개를 지나갔고, 동학군들이 처형된 아픈 역사의 현장이다. 1946년 화순의 탄광 노동자들이 광주에 광복기념식을 참석하러 가다 미군과 유혈사태를 빚은 현장이기도 하다. 1980년 5·18 때에도 시민군들이 이 너릿재 고개를 오가다 공수부대의 총격을 받고 사망했다. 광주와 화순, 남도 사람들의 삶을 이어주는 고개였지만 때로는 역사의 뒤안길로 밀려간 남도 사람들의 숱한 애환과 가슴 아픈 근현대사의 아픔을 고스란히 간직한 역사의 현장이다.

현재는 이 고갯길에 그런 역사의 아픔과 상처를 뒤로하고 너릿재 공원과 너릿재 유아 숲이 조성되어 있다. 너릿재 공원에 들어서면 시비들이 눈에 들어온다. 문병란 시인의 「호수」, 조태일 시인의 「풀씨」, 조병화 시인의 「사랑은」, 김현승 시인의 「무등차」 등의 시를 걸으면서 음미할 수 있다.

너릿재 공원에 이어 유아숲 공원이 나온다. 유아숲 공원은 유아와 어린이들이 놀면서 숲을 체험할 수 있는 자연형 생태 놀이터다. 오감을 통해 자연을 배울 수 있는 어린이 놀이공원인데 유아 대피소, 생태연못, 곤충하우스, 외줄 타기 체험장, 트리하우스 등의 시설이 있다.

내가 사랑한 광주, 원도심 동구

책의 연대기와 마주하다

국민소득을 높이는 것 못지않게 문화적인 삶을 영위하도록 하는 것이
중요하다고 프랑스의 전직 대통령 미테랑은 주장했다.
프랑스 국민 개개인이 스포츠나 외국어, 악기 하나쯤은
취미로 가질 수 있어야 한다며 지원책을 펴기도 했다.
광주 동구가 인문도시라는 목표를 갖게 된 까닭도 여기에 있다.
동구는 인문학적 베이스가 잘 갖춰진 곳이다. 특히 책과 깊은 연관을 지니고 있다.
호남 최대의 책 생산처인 서남동 인쇄단지부터 동네 책방들이 있고
동구 곳곳에는 책정원이 마련되어 있다.
책의 향기를 따라가는 인문여행이 가능한 공간이 바로 광주 동구다.

책은 어떻게 탄생하는가, 서남동 인쇄단지

이곳에 오면 자꾸만 걸음이 느려진다. 작은 명함에서부터 단행본 책자, 달력에 이르기까지 온갖 인쇄물들이 만들어지는 생생한 현장. 크고 작은 인쇄 관련 업체들이 둥지를 튼 이곳은 인쇄골목으로 불리는 서남동 인쇄단지다.

1940년대, 전남도청 주변에 생겨나기 시작했다는 인쇄업체들은 80년 역사의 맥을 이어온다. 기획 디자인업체에서 인쇄, 출력, 제단, 제본, 제책, 특수코팅, 형압 등 다양한 인쇄공정을 담당하는 업체들이 550여 개나 밀집되어 있다. 숙련된 기술력과 노하우로 무장된 전문업체들이다. 묵묵히 세월을 견딘 인쇄업체들은 마치 영화의 한 장면 같다. 책을 사랑하는 사람이라면 이곳에 밀집된 인쇄업체들의 면면과 오래된 골목길을 둘러보는 일이 꽤 의미 있는 걸음이 될 것이라 생각한다. 책의 내용뿐 아니라 물성으로 만들어지는 과정 역시도 사람의 손이 가지 않는 공정이 없다는 사실이 묵직하게 다가올 것이기 때문이다.

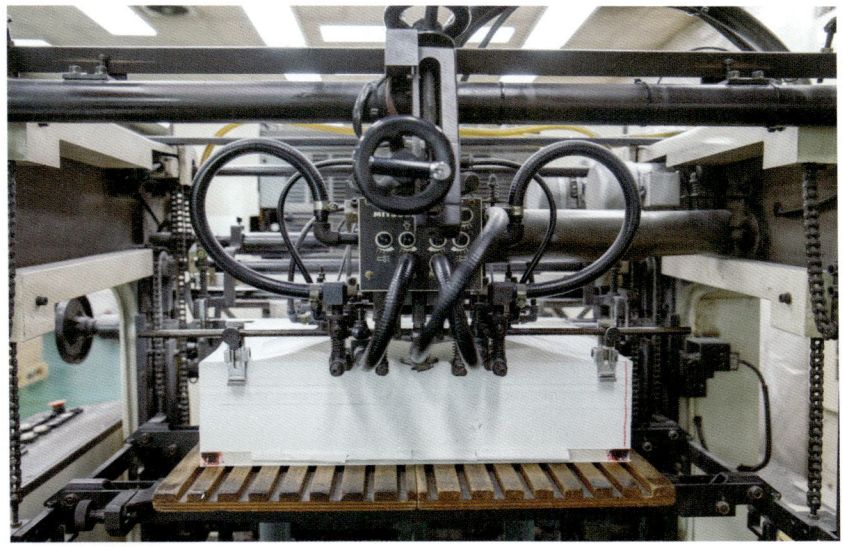

광주 동구 책방 탐험

여행의 기쁨은 뜻밖의 공간에서 온다. 이름난 관광지가 아니라 뜻밖의 장소에서 깊은 인상을 받는다. 대중서나 베스트셀러 위주로 진열된 대형서점에서는 느낄 수 없는 개성적인 콜렉션을 갖춘 동네책방과 마주할 때이다. 광주에 와서 동네를 걷고 사색하면서 사유의 길잡이를 만나고 싶을 때나 광주의 내면을 들여다보고 싶을 때 동구의 동네책방을 둘러볼 것을 권한다.

북카페 손탁앤아이허

2018년 6월에 개점한 '손탁앤아이허'는 국립아시아문화전당(ACC) 근처 장동의 한적한 주택가에 자리 잡고 있다. 민들레소극장이 있는 맞은 편 작은 골목으로 진입해도 되고, 태양광이 서있는 전당 앞 맞은편 자비신행회 뒷골목으로 가도 만날 수 있다. 서점이면서 카페이고 음반을 취급하는 음반점까지 겸하고 있는 2층짜리 문화공간이다. 이 서점은 운영자가 클래식음악 전공자인데 음악바를 직접 운영한 적이 있어 음악에 대한 조예가 깊다. 서점 이름은 미국의 소설가이자 문예 평론가이면서 사회 운동가로 널리 알려진 '수전 손탁'과 서양 고전 음악을 취급하는 'ECM 뉴 시리즈' 음반사를 세워, 스티브 라이시, 아르보 패르트 등의 앨범을 낸 '만프레드 아이허'의 이름을 조합해 만들었다. 그래서 이 서점에서만 특별히 구입할 수 있는 것이 바로 'ECM'이 발행한 음반과 영화, 음악, 사진 중심의 예술 분야의 책이다.

책과 생활

'책과 생활'은 국립아시아문화전당 4번 게이트 건너편 광주영상복합문화관 뒤편에 있다. 신헌창 대표가 지난 2016년 5월 문을 열었다. 20여 평 공간을 신대표가 직접 설계하고 디자인 해 만든 것이다. 책방의 서가엔 약 3,000여권의 책이 진열돼 있는데 인문과 예술이 중심을 이루고 사진·디자인·건축 관련 책자들도 만날 수 있다. 이곳 책방에는 책을 매개로 다양한 활동이 펼쳐진다. 다양한 문화 프로그램이 열리는데 주로 인문 강연이나 책과 관련된 작은 전시이다.

소년의서

소년의서는 충장로 5가 광주극장 바로 뒤 '영화가 흐르는 골목'에 있다. 광주극장에 갈 기회가 있다면 꼭 둘러보고 가라고 권하고 싶은 책방이다. 소년의 서는 연극인이면서 출판인인 임인자씨가 인문사회과학 & 예술서점을 표방하며 2016년 6월 13일에 문을 열었다. 책방을 들어가면 지금은 절판이 되어 구하기 어려운 오월서적이 '오월서가' 형식으로 큐레이션 되어 있다. 그밖에도 페미니즘·노동·사회학·환경 관련 서적들과 철학·미학·미술·연극 관련 책들이 풍부하다.

향토서점 충장서림

1980년 문을 연 충장서점은 한때 나라서점, 삼복서점과 함께 광주의 대표적인 향토서점으로 자리를 굳혔었다. 그러나 전남도청이 무안으로 이전하는 등 원도심 공동화 현상이 나타나고 온라인 서점문화로 상권이 바뀌어 할인 공세까지 시작되자 이를 이겨내지 못하고 2011년에 폐업했다. 하지만 광주 시민들의 끊임없는 사랑과 관심은 광주에서 유일하게 남은 대형서점인 충장서림을 재개장하게 만든다. 2012년에 기존 지하 1층, 지상 1~2층 3,000㎡ 규모에서 지하 1층 800㎡ 규모로 줄여 지하 1층에만 다시 문을 연 것이다. 지상 매장은 옷가게에 넘겨주고 몸집을 줄여서 시민에게 친근하게 다가가는 문화사랑방으로서 역할을 하고 있다.

산수책방 꽃이 피다

푸른길에서 산수시장으로 들어가는 길목에 조그만한 서점 카페가 눈길을 끈다. 기후환경, 노동, 성평등 관련 사회과학, 인문학, 문학서적을 판매하는 독립서점 '산수책방 꽃이 피다'이다.

동네 사랑방 역할을 하고 있는데 서점에 모여 독서모임을 하거나 세미나를 하는 주민들의 모습을 볼 수 있다. 카페를 겸하고 있어 차담을 나눌 수 있다. 지구환경을 지키기위해 쓰레기 줄이기운동에 동참하고 있고 지구 칫솔 등 환경 관련 제품들도 만나볼 수 있는 곳이다.

책방 심가네박씨

'책방 심가네박씨'는 2017년 6월 동구 도시재생센터 앞 옛 악기사 건물에 문을 열었다. 이 책방은 누군가의 삶에 울림이 될 만한 인문사회과학과 예술, 여행 분야의 책을 선별해 소개한다. 심옥숙 씨와 박해용씨 부부가 지역민들과 함께 오랫동안 시민인문학 공동체 '인문지행'을 이끌어오다 더 깊이 있는 만남과 인문학 공부를 하고 싶어 만든 인문학 전문서점이다. 책방 이름은 부부의 성을 따왔다. 이 서점의 목표는 동네 문화의 거점이 되어 인문학 공부를 하는 사람들, 책 읽는 동네 사람들과 함께 하는 것이다.

책을 그리 많이 소유하지 않는다. 처음은 약 300권의 책으로 시작했다. 그러다가 점차 사회학 심리학 예술과 미학 여행서 등까지 영역을 넓혀 지금은 권수가 많이 늘었다.

책 읽는 세상을 꿈꾸는 '책방 심가네박씨'에서는 인문학 스터디 모임들이 다양하게 열리고 있다.

어떤 마을이 행복한 마을일까? 많은 상상을 해볼 수 있겠지만 내게 떠오르는 행복한 풍경은 책읽는 풍경이다. 열심히 일하는 사람들이 잠시 쉬는 동안 편안히 책을 읽을 수 있는 마을, 책에서 위안과 힘을 얻는 풍경, 그 풍경을 위한 공간이 하나둘 늘고 있다.

광주 동구청 1층의 '책정원'이 대표적이다. 책으로 꾸민 책정원은 누구나 책을 읽을 수 있는 휴식공간이다. 작은 도서관 역할뿐 아니라 서화전을 개최할 수 있는 주민들의 열린 문화공간이다.

현재 동구에서 운영 중인 책정원은 모두 5개이다. 동구청 내 쉼터가 책정원 1호점이고, 대인시장 웰컴센터가 2호점, 푸른마을공동체센터 2층이 3호점, 학운동마을커뮤니티센터 2층(무꽃동 마을사랑채)이 4호점, 조대 장미의거리 상인회 사무실이 5호점이다.

책 읽는 이들이 줄어드는 시대가 됐다고 하지만 책이 싫어서가 아니라 여유가 없어서일 것이다. 누구나 책을 읽고 즐기고, 자신의 이야기를 책으로 펴내는 세상을 꿈꾼다. 책정원은 광주 동구가 꿈꾸는 인문도시를 위한 작은 출발점이다.

계림동 헌책방거리

계림동 '헌책방거리'는 이름에서부터 묘한 향수를 자극한다. 오래 묵은 헌책들이 가게의 서가를 채우고, 서가에 들어가지 못한 헌책들은 벽돌장처럼 켜켜이 쌓여 어느새 몇 겹의 담장이 되어버리고 만다. 그곳에는 별의별 책들이 쌓여있다. 오래된 고문헌, 족보에서부터 아이들의 그림책, 전과, 수련장, 문제집, 교과서, 대학교재, 법전, 사전류, 문학전집, 시집, 소설, 미술서적, 화집 등 이루 헤아릴 수조차 없다. 그 책 사이를 헤집고 다니노라면 잉크냄새랄까, 종이냄새 같은 것들이 옛 시절 독서의 궤적과 추억을 불러일으킨다.

1970년대~1980년대 무렵은 계림동 헌책방들의 전성기였다. 광주고등학교 교문에서부터 시작하여 도로 좌우가 온통 헌책방이었다. 해방 직후 시작된 헌책방거리는 1980년대까지만 해도 얼추 60여 개가 넘었다.

당시 헌책방이 인기를 끌었던 것은 저렴한 가격 때문이었다. 새

책의 반값도 못되고, 어떤 것은 5분의1에도 못 미쳤다. 또 주인과 협상만 잘하면 더 저렴하게 읽고 싶은 책을 가져갔을 수도 있었다. 가난한 시대, 헌책방의 인정이었다.

헌책방을 자주 드나들었던 문학청년들에게는 계림동 헌책방의 거리가 '교정'이나 다름 없었다고 한다. 세계의 고전들은 도서관이나, 부잣집 서가에 꽂혀있기 일쑤여서 빌려 읽기가 쉽지 않았고, 소유하는 것은 더 어려운 일들이었다. 그래서 어찌어찌 모은 용돈을 들고 헌책방에 들르다보면 종종 뜻하지 않게 서가에 꽂혀있는 보물 같은 책들을 발견하기도 했다. 그러나 지금의 계림동 헌책방 거리는 가을날 황혼처럼 쓸쓸하기 짝이 없다. 지금은 유림서점, 백화서적, 학문당, 광일서점, 대교서점, 광주 고서점, 문학서점 등 명맥을 유지하고 있는 책방은 이제 손가락으로 꼽을 정도다.

책을 나누는 집, 동구 인문학당

동명동 서석교회 바로 곁에 '동구 인문학당'이란 새로운 문화공간이 있다. 인문학으로 새롭게 도심의 활력을 불어넣고 인간적인 미래 재생도시를 위해 시민들이 참여하며 가꾸어 나갈 열린 문화공간이다.

다양한 도서와 음식, 영화 등을 테마를 중심으로 운영되는데 전문가들에게 추천받은 우리시대 고전 5만 권을 상설 전시하고 있다. 시민참여형 도서공유 운동인 '내 인생의 책'도 만날 수 있다.

동구 인문학당은 원래 1954년에 지어진 근대가옥이다. 서양식과 일본식, 한옥이 한 건물에 들어있는 독특한 양식의 건물이다. 지어진 시기도 달라 한 건축물에 여러 시대가 담기게 되었다. 문화체육관광부 지원 공공미술프로젝트를 진행했는데, 38명의 기획자 작가가 모여 '별별별서'란 프로젝트를 진행했다. 규모는 작지만 동구 인문정책의 방향과 잘 맞아떨어지는 공간이라 할 수 있다.

인문학당 본채는 시민들의 인문동아리 활동과 인문강좌를 돕는 공간이다. 작은 전시 공간은 박옥수 근대가옥의 내력을 소개하고 숨은 이야기를 전시한다. 꾸며진 다실은 주민들과 함께 차를 매개로 한 다양한 프로그램을 진행하는 공간이다.

인문관은 광주, 전남과 관련한 역사, 문화, 요리, 대중문화 등 다양한 분야를 망라한 지역학 도서들로 채워지고, 도서 관련 프로그램이나 영화를 테마로 한 인문학 프로그램이 운영된다.

당신의 기억 속에 남은
광주 원도심 동구의 모습은 무엇인가요?

내가 사랑한 광주 원도심 동구편

초판 1쇄 2022. 2. 5
만든 곳 오월의 책
등록번호 제2019-000012호
주소 광주광역시 동구 장동로 34, 1층
메일 writerk@naver.com

글쓴이 임 택
사진 김형미
사진협조 국립아시아문화전당, 재단법인광주비엔날레
에디터 김인정

값 18,000원
ISBN 979-11-967011-7-8 03980